HISTOIRE

DES

GRANDS PANETIERS

DE NORMANDIE.

TYPOGRAPHIE HENNUYER, RUE DU BOULEVARD, 7, BATIGNOLLES.
Boulevard extérieur de Paris.

M. LE MARQUIS DE PHILASTRE

HISTOIRE

DES

GRANDS PANETIERS

DE NORMANDIE

ET

DU FRANC-FIEF DE LA GRANDE PANETERIE,

PAR

LE Mis DE BELBEUF,

Ancien Pair de France, Sénateur,
Premier Président honoraire de la Cour impériale de Lyon,
Officier de la Légion d'honneur.

PARIS,

J.-B. DUMOULIN, LIBRAIRE,
QUAI DES AUGUSTINS, 13.

1856

ERRATA.

Préface. Page 2, ligne 21. — *Petree*, lisez *Petrie*.

P. 39, ligne 54. — 1530, lisez 1350.

P. 42, ligne 19. — *Jean de Poissy III*, lisez *Jean de Poissy II*.

P. 43, ligne 19. — *Jean de Poissy III*, lisez *Jean de Poissy II*.

P. 45, ligne 12. — *Hors de tours*, lisez *hors de court*.

P. 45, ligne 26. — *Jean de Poissy III*, lisez *Jean de Poissy II*.

P. 45, ligne 28. — *Montaigu*, lisez *Monteingny*.

P. 71, ligne 1. — Les mots *du souverain* à supprimer.

P. 71, ligne 30. — Les mots *maître d'hôtel du* à supprimer.

P. 93, ligne 21. — *Dénombrement*, lisez *dénombrements*.

P. 97, ligne 17. — *Tenuement*, lisez *tenu nuement*.

P. 109, ligne 3. — *Lostaing*, lisez *Rostaing*.

P. 152, note au bas de la page. — *Beuve d'Auray*, lisez *Jacques Dumoucel*.

P. 163, ligne 28. — 1702, lisez 1782.

———

PRÉFACE.

L'ouvrage que je donne au public pourra inté-resser les amateurs, très-nombreux aujourd'hui, des recherches historiques.

En mettant récemment en ordre les archives du château de Belbeuf, j'ai trouvé des titres concernant la dignité des grands panetiers de Normandie; j'ai été frappé de l'intérêt qu'ils pouvaient présenter et je me suis décidé à les faire imprimer. Plus tard, j'ai dû, pour compléter mon entreprise, m'étendre en dehors de mes archives pour retrouver, dans les dépôts publics et dans les recueils imprimés, ce qui manquait à ma collection.

MM. Léopold Delisle, à la Bibliothèque impériale, de Beaurepaire, aux Archives de la Seine-Inférieure, et M. Pothier, bibliothécaire de la ville de

Rouen, m'ont merveilleusement secondé dans mes recherches; je remercie ces messieurs de la peine qu'ils ont bien voulu prendre et des documents précieux qu'ils m'ont fournis.

Je remercie aussi M. Garnier, des Archives de l'Empire, des soins qu'il a donnés à la publication de mon ouvrage.

Actuellement que les trésors renfermés anciennement dans les archives des cathédrales et des monastères, dont il était très-difficile autrefois, pour ne pas dire impossible, d'obtenir une entière communication, sont réunis dans des dépôts publics, il est beaucoup plus facile de se livrer à des études historiques.

Grâce aux travaux, dignes des anciens bénédictins, de la Société des Antiquaires de Normandie, et, en particulier, de MM. de Caumont, Charma, Léchaudé d'Anisy et de tant d'autres savants, nous avons été initiés dans la connaissance des antiquités de notre province. Que ne doit-on pas aussi de reconnaissance à MM. Petree et Thomas Stapleton, de nous avoir procuré les grands rôles de l'Echiquier de Normandie, enfouis depuis tant de siècles dans les archives de la Grande-Bretagne !

On trouvera peut-être que nous avons fait imprimer trop de pièces justificatives : les véritables
savants ne s'en plaindront pas, chaque pièce ayant
son cachet particulier, ses noms propres, et pouvant
fournir des renseignements que l'on ne trouverait
pas ailleurs.

HISTOIRE

DES

GRANDS PANETIERS

DE NORMANDIE.

CHAPITRE I.

Les Normands, après avoir ravagé les Gaules pendant près de deux cents ans, se fixèrent enfin dans une partie de l'ancienne Neustrie. Rollon ou Raoul, leur chef, se présenta devant la capitale de la Normandie vers l'an de grâce 895.

Rouen avait alors pour archevêque un prélat courageux; que ce soit Vitton ou Franco[1], les auteurs sont divisés sur ce point, le pasteur n'abandonna pas ses ouailles dans le danger; il se présenta devant le vainqueur, lui apporta les clefs de la ville, à la condition qu'il embrasserait le christianisme et conserverait religieusement les coutumes du pays.

Rollon entra dans Rouen par la porte du Pont;

[1] Pommeraie, *Hist. des Archevêques de Rouen*, p. 255.

il défendit à ses compagnons d'armes de piller la ville et de molester ses habitants : heureux présage de la conduite future de ce prince barbare.

Franco, successeur de Vitton, et dans cette occasion on ne peut lui contester cet honneur, fut chargé par Charles le Simple, roi de France, de la négociation d'une paix durable ; cette paix, si désirée et si nécessaire, fut conclue entre le roi et le conquérant à Saint-Clair–sur-Epte. Les limites des deux Etats furent fixées par la rivière d'Epte et l'Océan ; le roi de France perdait ainsi le plus beau fleuron de sa couronne. Giselle, fille du roi, encore enfant, fut promise au nouveau duc de Normandie ; mais la mort de la jeune princesse, arrivée peu de temps après, empêcha la célébration de ce mariage.

Franco conféra le sacrement de baptême au conquérant, et convertit à la foi ce prince, naguère la terreur de la France.

Raoul prit à son baptême le nom de Robert Ier : c'était le nom de Robert de France et de Paris, son parrain ; mais le nom de Rollon ou de Raoul lui est seul resté.

Rollon, assuré du duché de Normandie et devenu chrétien, ainsi que les principaux chefs de son armée, imitateurs de son exemple, imposa à ses soldats une discipline sévère. Les peuples, effrayés, fuyaient à son approche ; il les rassure et les attire de nouveau dans leurs anciens foyers dévastés et détruits. La Neustrie, devenue Normandie, sort en peu d'années de ses ruines. Raoul reconstruit les temples, répare les monastères, devient le père de ses peuples, et meurt regretté de tous.

La tranquillité est si parfaite, la police si exacte sous son règne, qu'une chaîne d'or attachée à l'un des arbres de la forêt de Moulineaux, à la porte de Rouen, y reste suspendue sans être enlevée. Hélas ! pourrait-on aujourd'hui, et au milieu du dix-neuvième siècle, tenter une pareille épreuve ?

Le conquérant de la Normandie eut-il une cour ? Cette cour ne fut-elle d'abord qu'un camp, ce qui est probable ? Eut-il plus tard des officiers attachés à sa personne, qu'il décora, à l'exemple des autres princes ses voisins, des titres pompeux de grand chambellan, de connétable, de franc bouteiller, de grand panetier ? Nous l'ignorons. Mais il est certain que la cour des ducs, successeurs de Rollon, fut peuplée de grands dignitaires ; on retrouve à chaque page de leur histoire les titres de ces officiers attachés à des fiefs et à des seigneuries.

Ainsi, le seigneur de Tancarville était chambellan hérédital du duc de Normandie.

La terre de Varenguebec donnait à son possesseur le titre de connétable hérédital de la même province.

Raoul de Tourny, près de Conches, était porte-guidon hérédital de Normandie.

Le baron d'Esneval prenait dans ses aveux, à cause de cette baronnie, la qualité de vidame des ducs de Normandie.

Le baron de Cretot se portait dans ses aveux franc bouteiller hérédital de Normandie, et se disait tenu, lorsque le roi faisait son entrée à Rouen, de présenter à boire à Sa Majesté, *une fois seulement* durant son règne, et qu'il avait, à cause de ce service, *droit de prendre pour lui* la coupe dans laquelle le roi avait bu.

La terre de Goui, auprès de Rouen, donnait à son possesseur le titre de *grand panetier hérédital du duc de Normandie.*

C'est l'histoire des grands panetiers de Normandie et du fief de Goui que nous entreprenons aujourd'hui, laissant à d'autres le soin de donner un jour au public l'histoire des autres grandes charges de la cour de nos ducs.

CHAPITRE II.

Le premier grand panetier de Normandie dont le souvenir soit parvenu jusqu'à nous se nommait Odon de Malapalude ou de Malpalu. Le nom de Malpalu est connu dans la ville de Rouen ; l'une de ses rues le porte encore aujourd'hui. La famille Malpalu tirait aussi, sans doute, son nom de ce lieu fangeux avant l'agrandissement de la ville ; elle était originaire de Rouen et y tenait le premier rang.

On voit Richard de Malpalu doyen de la cathédrale en 1204, grande dignité à cette époque ; il appose, avec Richard de Malpalu, son neveu, aussi chanoine de Rouen, sa signature à une charte de la cathédrale pour l'église de Sauqueville.

Robert de Malpalu était maire de Rouen en 1204 ; on retrouve son nom dans la liste de composition de cette ville, quand elle se rendit à Philippe-Auguste, roi de France [1].

Plus tard, on voit Guillaume de Malpalu, en 1223, bailli de Rouen, fonction importante qui lui assignait le premier rang dans la cité.

Pommeraie, dans son *Histoire de la cathédrale*

---

[1] Dumoulin, *Hist. de la Normandie*, p. 524.

de Rouen, affirme « qu'Odon de Malpalu, panetier
« de Henri II, roi d'Angleterre et duc de Norman-
« die, étoit de la même famille que ceux qui ont été
« maires de Rouen. »

Nous trouvons à cette époque reculée d'autres
membres de la famille Malapalude ayant occupé des
emplois considérables :

« Willelmus de Malapalude reddit compotum de
« 40 lib. de firma vice comitatis de Roméis in the-
« sauro 52 sol. 4 den., in decima thesaurario 4 lib.,
« in liberatione Johannis Luce 25 lib., pro custo-
« dia castri de Monteforti. In conredio Rogerii Folli,
« cum duobus equis et septem canibus, 40 sol. per
« brev. regis. Pro fuillata regis facienda ante turrim
« Rothom., 68 sol. duo den., per brev. regis. Fal-
« conariis regis qui remanserunt post eum, 20 sol.
« per idem brevem. Pro hernesio regis ducendo à
« Rothomago ad Cadomom, 40 sol. per brev. regis ;
« pro vassalla regis portanda ad Gisortium 3 sol.
« et pro thesauro regis ducendo ad Drincort 6 sol.
« 6 den. per brev. regis. Et quietus est [1]. » Guillaume de Malpalu, investi de la confiance du roi
d'Angleterre, chargé de transporter son trésor, rendait ainsi ses comptes à l'échiquier de Normandie,
en l'an 1180.

Odon de Malpalu, grand panetier de Normandie,
obtint de Henri II, roi d'Angleterre, une charte très-

[1] *Mémoires de la Société des Antiquaires de Normandie*, vol. XV,
1846, p. 24.

importante, fixant invariablement les prérogatives et les priviléges de sa charge. Ce titre, en latin et sans date, est *nécessairement* antérieur au 6 juillet **1190**, époque de la mort d'Henri II, arrivée à Chinon. Elle concède au grand panetier une juridiction très-étendue sur les boulangers de la ville de Rouen, de ses faubourgs et de sa banlieue.

Nous croyons devoir la donner en son entier, quoiqu'elle ait été déjà imprimée dans le *Recueil des Antiquaires de Normandie*[1] :

(*Vers* 1170.) « Henricus Dei gratiâ, rex Anglie et dux Normanie et Aquitanie et comes Andegavie, archiepiscopo Rothomagensi, episcopis, abbatibus, comitibus, baronibus, justiciis, vicecomitibus et omnibus ministris et fidelibus suis tocius Normanie, salutem.

Sciatis me concessisse et presenti carta mea confirmasse Odoino de Malapalude servienti meo, totum suum misterium [2] de mea panetaria cum omnibus pertinenciis suis; et volo et confirmo quod in curia mea habeat omnibus diebus, quamdiu ero apud Rothomagum, liberationem, scilicet in despensa mea, quatuor denarietas panis et in meo celario unum sextarium vini militum et in coquina mea quatuor fercula, unum ex magnis, et duo ex militibus, et unum dispensabile, et ipse Odoinus debet invenire panem in curia mea, et talliare cum dispensariis meis, et talliare cum omnibus bolengariis meis, et predictus Odoinus debet recipere denarios et acquitare bolengariis, et quando mittam pro pane apud Rothomagum, sepedictus Odoinus debet adducere ad custum meum et quisque caballus debet habere duodecim denarios, et queque banesteria sex denarios, et queque corbellia unam denariatam panis ; si panis

[1] Vol. XVI, p. 4.

[2] Pour *ministerium* ; d'où le mot *métier*.

adducitur per aquam, batellus habebit sex denarios in itinere, et sepeditus (*sic*) Odoinus totum residuum panis mee panetarie habebit quando iter fecero, et debet habere omnem custodem [1] et omnem justiciam meorum bolengariorum Rothomagi, et infra leucatam Rothomagi, et omnia forefactura (*sic*) illorum, et debet habere omnia pondera panis, et omnes emendas panis, et omnem panem forefactum ; et in aqua secane debet habere unam piscatoriam liberam et quietam ab omni consuetudine et exactione et debet molendinare totum bladum suum in molindinis meis de Rothomago, liberum et quietum sine motura, et debet esse ingranatum post illum bladum quod invenerit in tremoia ; et debet esse unus ex ragardatoribus forestarum mearum ad custum meum et debet habere suum pasnagium liberum et quietum in omnibus forestis meis ad omnes porcos suos, et debet habere ad Natale vigenti solidos vel quatuor porcos ; et predictus Odoinus debet tenère unum tenementum suum, ubicumquè sit, liberè et quietè, benè et in pace, plenariè et honorificè ; et omnia tenementa sua et possessiones ab omnibus consuetudinibus et auxiliis, et querelis, et occasionibus, et talliis, et mutacionibus, et defensis, et merchis, et equitationibus, et exercitibus, et muris, et aruris, et passagiis, et pasnagiis, et teloneis, et ab omnibus officiis citrà mare et ultrà, in terris et in aquis.

Quarè volo et firmiter precipio quod illè Odoinus et heredes sui heretabiliter (*sic*) teneant, ne aliquis eos vexet nec disturbet, nec placitare faciat nisi coràm me, nec in res, nec in possessiones suas manum mittat, nec in misterio meo panetarie, nec in bolengariis meis justiciam faciat, nisi predictus Odoinus, vel heredes sui, super decem libras forefacture, et si aliquis eum vel heredes suos de aliquibus predictarum rerum vexare vel disturbare presumpserit, precipio quod illa que ipse vel heredes sui pro vexacione vel disturbatione amiserint, eis reddantur ab illo qui illa vexaverit vel disturbaverit. Testes (*sic*) Lexoviensi episcopo, Willelmo de Hion, R. de Veir, R. de Corci, Johanne Martel. Apud Monfort. »

---

[1] Pour *custodiam*.

Telle est la charte que les grands panetiers de Normandie, successeurs d'Odon de Malpalu, ont toujours invoquée par la suite, lorsqu'il s'est élevé quelques difficultés sur l'étendue et l'importance de leurs prérogatives.

CHAPITRE III.

A trois lieues au midi de l'antique et noble cité de Rouen existe une petite commune que l'on nomme Gouy ou Goui, plus anciennement Goy, ainsi que le constate le pouillé d'Eude Rigaud, archevêque de Rouen et l'ami de saint Louis.

Ce village compte aujourd'hui environ quatre cents habitants ; il est situé sur l'une des montagnes qui bordent le cours de la Seine, rive droite. Ce lieu était, pour employer une expression féodale, le *chefmoi* du franc-fief de la paneterie des ducs de Normandie.

Au bas de la montagne coule la Seine, où se trouve le hameau du Port-Saint-Ouen, dépendant en partie de Goui, lieu célèbre dans les fastes de la province par les conférences que les notables bourgeois de Rouen eurent, en 1449, avec le roi Charles VII, dans le but de secouer le joug des Anglais et de livrer la ville au roi de France, leur légitime souverain.

La seigneurie de Goy faisait très-anciennement partie du domaine des ducs de Normandie. Richard II, duc de Normandie, donna à l'abbaye de Jumièges une chapelle, qui devint ensuite l'église

VUE DE GOUY

Seine Inférieure

paroissiale : « Ex dono Richardi II, capellam de « villa que dicitur Goiacus [1]. »

La seigneurie de Goui sortit des mains des ducs de Normandie en 1027. On lit dans une charte de Richard II, duc de Normandie : « Restituit quoque « villam que vocatur Goiacus, consensu et volun- « tate Herdradi qui eam eatenùs possiderat [2]. »

Odon de Malpalu a-t-il été seigneur de Goui? Nos mémoires ne nous fournissent aucun renseigne- ment à cet égard, et nous avons fait en vain de nombreuses recherches pour le découvrir.

Cependant, quand le duc de Normandie accor- dait, vers 1170, à son grand panetier une charte qui lui assurait des prérogatives très-étendues, on doit présumer que tous ces priviléges étaient assis sur quelque grande terre.

Déjà, à cette époque, les autres officiers de la cour du duc, comme le grand maréchal, le grand cham- bellan, le franc bouteiller, etc., possédaient des fiefs auxquels ces titres étaient annexés.

La charte précitée accorde à Odon de Malpalu le droit d'avoir « in aqua Secane unam piscatoriam « liberam et quietam ab omni consuetudine et « exactione. » Ne serait-ce pas *le droit de franc-bateau sur la Seine,* qui a toujours appartenu au fief de Goui ?

[1] *Neustria pia,* p. 323.
[2] Charte en papier de l'abbaye de Jumièges. (Archives de la Seine-Inférieure.)

Nous y lisons aussi : «Et predictus Odoinus debet
« tenere unum tenamentum suum ubicumquè sit
« liberè et quietè, benè et in pace, plenariè et ho-
« norificè, et omnia tenamenta sua, et possessiones,
« ab omnibus consuetudinibus. » Le duc ne parle-
t-il pas ici du fief de Goui, sans le nommer? Jamais
on n'a signalé une autre terre comme ayant été
le fief de la paneterie de Normandie; aussi des
présomptions graves existent pour faire penser que,
dès le principe, la terre de Goui appartenait aux
titulaires de la dignité de grand panetier des ducs
de Normandie.

CHAPITRE IV.

Nous pensons que la famille Chambellan, originaire de Rouen, et des plus considérables de la cité,
succéda immédiatement à Odon de Malpalu dans
le titre et les fonctions de grand panetier de Normandie. On trouve le nom de Chambellan dans
la capitulation de la ville de Rouen, en 1204 ; Guillaume Chambellan, le père, y est mentionné. Nous
avons recueilli des renseignements précieux sur
cette famille. Brice Chambellan était, à la fin du
douzième siècle, châtelain du Pont-Saint-Pierre *et
de Goui* [1]. Brice est compris dans un compte rendu,
en l'an 1195 : « Bricio, camerario regis, 700 lib.
« per idem brev. [2] » « Bricio, camerario regis apud
« Rothomagum, 500 lib. per idem brev. [2] »

Brice était, comme on le voit, chambellan du roi
d'Angleterre ; le nom de Chambellan sera sans
doute resté à cette famille à cause de cette charge.
On sait que dans les temps anciens, où les noms
n'étaient pas encore fixés invariablement comme
de nos jours, on conservait très-souvent le nom de

[1] La Roque, *Hist. généalog. de la maison d'Harcourt*, t. III;
p. 152.

[2] *Antiquaires de Normandie*, t. XV, p. 72.

la dignité dont on avait été revêtu, ou de l'état que
l'on avait exercé, et on le transmettait à ses descendants.

Nous lisons dans La Roque que le nom primitif
de la famille Chambellan était *Duplessis*, et qu'elle
possédait la châtellenie de Goui. On sait, d'un autre
côté, qu'il y avait dans ce village un lieu planté
d'arbres, peut-être même une maison de plaisance,
qui portait le nom de Plessis. Tout porte à croire
que cette famille tirait son nom de Duplessis de cette
localité, vaste terrain naguère encore en friche,
mais aujourd'hui mis en valeur depuis l'échange
fait par l'auteur de ce mémoire avec la commune
de Goui [1].

[1] Le nom de Plessis ne peut guère laisser de doute sur l'existence
d'une habitation en ce lieu ; les auteurs paraissent d'accord sur la
signification de ce mot : « C'est un vieux mot françois qui signi-
« fiait autrefois *maison de plaisance*, dont le nom est resté à plu-
« sieurs terres et seigneuries. Cambdem le dérive *à placendo* ; Du
« Cange, après Joseph Scaliger, le dérive de *plexium* ou de *plessium*,
« qui signifiait un bois ou un parc fermé de tous côtés de haies ou
« de branches d'arbres pliées, qu'on appelait bois de plessis, que
« d'autres appellent bois de touche, *plantés autour d'une maison*
« pour sa décoration, dont il est parlé dans les coutumes de Char-
« tres, d'Anjou, de Blois et de Bretagne. » (*Dictionnaire* de Tré-
voux.)

Le plessis de Goui était planté autrefois en bois. En voici la preuve :
« Jehan-Alexandre, demeurant à Goui, prend à rente des religieux
« de Saint-Ouen le droit qu'ils avaient à une masure et jardin
« nommé anciennement le Bourdaige, à la Rousselle, assises en la
« paroisse de Goui, contenant trois vergées, d'un côté Simon Ri-
« gnaut, d'autre côté la Ruelle-aux-Dames, d'un bout la rue de
« Goui, d'autre bout *le bois du Plessis*, pour 18 sous tournois de
« rente. » (*Cartulaire de Saint-Ouen*, n° 32. — Archives de la
Seine-Inférieure, vers 1270.)

Brice Chambellan était-il grand panetier de Normandie ? Comment en douter quand nous voyons plus tard des membres de sa famille revêtus de cette dignité, et puisqu'il était seigneur de Goui, chef-lieu de la grande paneterie ?

Les fonctions exercées par Brice Chambellan à la cour du duc pouvaient tout aussi bien s'appliquer au service de chambellan qu'à celui de grand panetier : « Bricio, camerario et servientibus « regis ad expensam ejus, ad Natale apud Ro- « thomagum, 100 lib. per brev. reg. et debet « 60 lib. [1] »

Le duc de Normandie employait aussi Brice Chambellan aux fortifications des villes de la province. Nous lisons, sous l'année 1202 : « Rex..... Gau- « frido de Bosco et Willelmo, clerico de ca- « mera,..... mandamus vobis quod sinè dilacione « tradatis Bricio, camerario, vel certis nonciis « suis, LXXX marca argenti ad operationes cas- « telli de Tilers. Teste me (ipso) apud Aquilam, 21 die junii. [2] »

Le même prince avait conféré à Brice Chambellan la dignité de sénéchal d'Anjou : « Rex, etc. « Bricio, camerario, senescalio Andegav., manda- « mus vobis quod barbarello habere faciatis custo- « diam domorum nostrarum de Andegavo, cum

---

[1] *Antiquaires de Normandie*, t. XV, p. 41.
[2] *Ibid.*, p. 107.

« liberacionibus ad custodiam illam pertinentibus.
« Teste me ipso, apud Montemfortem, xviii° die
« octobris.[1] »

Brice Chambellan fut père de Luce Chambellan ;
celle-ci épousa Robert de Poissy, baron du Pont-
Saint-Pierre, décédé en Angleterre en 1197.

Luce Chambellan, devenue veuve, épousa en secondes noces Pierre de Moret.

Nous arrivons à l'époque où la Normandie va
changer de maîtres. Philippe-Auguste réunit en
1204 ce duché à la couronne. La conquête de Rollon, le traité de Saint-Clair-sur-Epte, arraché à la
faiblesse par la violence, tout va disparaître. Que
se passera-t-il dans ce pays devenu désormais une
province ? Il semble que les grands officiers du roi
de France remplaceront de plein droit ceux du
duché, et qu'il ne sera plus désormais question de
ceux-ci.

Philippe-Auguste n'agit pas de cette manière ;
il a trop de prudence et de sagesse pour détruire
tout ce qui existait en Normandie avant sa conquête. Il sait combien les Normands sont attachés à
leur ancien duché, combien ils étaient fiers de
former un Etat à part et indépendant ; il ména-
gera leur susceptibilité pour se les attacher davantage.

Les ducs de Normandie étaient en même temps
rois d'Angleterre, pourquoi le roi de France ne

[1] *Antiquaires de Normandie*, t. XV, p. 111.

serait-il pas aussi duc de Normandie? Il viendra tenir sa cour dans son duché, comme faisaient les rois d'Angleterre; il habitera les châteaux de Rouen, de Caen, de Montfort-sur-Rille et d'autres encore disposés à le recevoir. Là, environné des grands officiers du duché, il appellera les Normands auprès de sa personne.

La politique du roi de France se montre, dans toutes les circonstances, dirigée par le même esprit de conservation, pour ne pas mécontenter les grands et le peuple.

S'il confisque les terres de ses ennemis, partisans de Jean-sans-Terre, il ne tarde pas à les rattacher à la couronne, en leur restituant les domaines confisqués, ou en leur en donnant de nouveaux pour les dédommager.

Brice Chambellan avait été attaché à la fortune malheureuse de Jean-sans-Terre, jusqu'au moment où ce prince, dépouillé violemment de la Normandie, s'était réfugié en Angleterre.

Les biens de Brice Chambellan sont confisqués et donnés à des membres de sa famille restés fidèles à Philippe-Auguste : « Philippe-Auguste donne à « Pierre de Moret le château de Radepont et ce que « Brice le Chambellan avait à Fleuri [1]. »

Plus tard, le même prince partageait par égales portions la terre de Radepont entre Jean de Moret et Robert de Poissy, frères, tous deux fils de Luce

[1] *Antiquaires de Normandie*, t. XVI, p. 29, n° 184.

2

Chambellan, fille de Brice Chambellan[1]; elle avait épousé successivement Robert de Poissy et Pierre de Moret.

Brice était seigneur de Goui; il n'avait eu qu'une fille, Luce Chambellan, et cependant celle-ci ne transmit pas la terre de Goui à ses enfants; nous voyons ce fief rester dans la famille Chambellan.

Que se passa-t-il alors? Des arrangements de famille, une vente de cette terre, les effets de la confiscation; telles sont les causes présumables de ce fait certain, incontestable. Nous allons voir plus tard Laurent Chambellan seigneur de Goui et grand panetier de Normandie.

Laurent Chambellan fut dans son temps un personnage très-important; c'était l'ami de saint Louis, l'imitateur de ses vertus et de sa générosité:

« Laurentius le Chambellan ratifie, en 1253, les « donations faites à l'abbaye de Saint-Ouen par sa « mère, Mathilde de Ros[2]. »

Le grand panetier avait été investi, par la charte accordée à Odon de Malpalu, d'un pouvoir très-étendu dans la cité de Rouen sur les boulangers; la garde des poids lui était confiée; il exerçait une surveillance active sur les étrangers qui venaient vendre du pain dans la ville et dans la banlieue.

Cependant le maire et les pairs de la ville étaient jaloux de ce pouvoir si étendu donné au grand

[1] *Antiquaires de Normandie*, t. XVI, p. 304.
[2] Original aux archives de la Seine-Inférieure, F. Saint-Ouen.

panetier; ils pouvaient invoquer de justes motifs d'intérêt public; une administration étrangère au gouvernement de la commune, dans une matière aussi importante que celle des subsistances, apportait souvent une grande perturbation dans la cité.

Un procès très-grave existait à ce sujet entre Laurent Chambellan et la ville de Rouen.

Ce fut alors que saint Louis intervint et qu'il obtint de Laurent Chambellan, son grand panetier, l'abandon de tous ses droits en faveur de la ville, moyennant une rente de 20 livres par année. Le contrat fut exécuté et la rente payée. Nous lisons, pour l'année 1260 : « Item Laurentio, camerario pro « paneteria de toto anno, xx libras [1]. » Nous aurons occasion de parler plus loin de cette rente de 20 livres.

Le roi saint Louis avait usé de son crédit sur le bon Laurent Chambellan, pour obtenir de lui ce sacrifice en faveur de la ville. Mais, il faut le dire, à partir de cette époque, le grand panetier de Normandie cessa d'être un personnage important dans la ville de Rouen; il ne lui resta plus que l'exercice de la charge de grand panetier, quand le roi venait à Rouen, par conséquent très-rarement; le droit de mouture aux moulins de Rouen et les priviléges attachés à son fief de Goui [2].

Nous donnons le texte de la transaction passée

[1] *Antiquaires de Normandie*, t. XVI, p. 125.
[2] Chéruel, *Hist. de Rouen pendant l'époque communale*, t. II, p. 289.

entre Laurent Chambellan et le maire et les pairs de la ville [1] :

1256, Août. « Ludovicus, Dei gratiâ, Francorum rex, noverint universi tam presentes quam futuri, quod, cum contentio esset inter majorem et cives Rothomagénses, ex una parte, et Laurentium dictum Cambellanum, panetarium nostrum de Rothomago, ex altera, super justicia, custodia, forefactura, ponderibus panis et emendis bolengariorum et aliorum vendentium panem in civitate Rothomagensi, et infra banleucam civitatis ejusdem, et aliis ad predicta pertinentibus, que omnia predictus Laurentius dicebat se debere habere in dicta civitate et banleuca, quod predicti major et cives eidem denegabant ; tandem idem Laurentius, in nostra presentia constitutus, quicquid in premissis omnibus habebat vel habere poterat, quoquomodo, prefatis majori et civibus ac eorum successoribus, in perpetuum omninò quittavit et dimisit, sinè aliqua reclamatione sui vel heredum suorum pro XX libris turonensium annui redditus à predictis majore et civibus sibi solvendis duobus terminis, videlicet ad festum Beati Michaelis, X libras, et ad Pascha alias X libras ; quousque hujus modi viginti libre annui redditus in certo loco infrà balliviam nostram Rothomagi, eidem Laurentio et heredibus suis assignaverint competenter ad usus et consuetudines loci in quo fiet assignatio memorata, quam assignationem tenentur facere infrà tres annos. Supradicta autem eisdem quittavit et dimisit idem Laurentius, salvis sibi et heredibus suis omnibus aliis juribus, tenementis, redditibus, libertatibus et serviliis ad panetariam dicti Laurentii pertinentibus, secundum quod in cartis Henrici et Ricardi, quondam regum Anglie, continetur. Hujusmodi verò redditum tenebunt à nobis et heredibus nostris idem Laurentius et sui heredes, sicut et alia jura et libertates panetarie supradicte. Nos autem ad petitionem parcium, premissa omnia,

[1] Archives de la Seine-Inférieure, *Trésor des Chartes*, Rouen, I, n° 6, carton J. 212 ; et *Antiquaires de Normandie*, t. XVI, p.106.

prout superius continentur, volumus, concedimus et auctori-
tate regia confirmamus, salvo jure in omnibus alieno.

« Quod ut ratum et stabile permaneat in futurum, presentes
litteras sigilli nostri fecimus impressione muniri.

« Actum apud Pontem-Archie, anno Domini M° CC° quinquagesimo sexto, mense Augusto. »

Laurent Chambellan a été seigneur de Goui ; il
possédait des biens à Saint-Aubin, près de Goui :
« Roger Travers et sa femme Emmeline, de la pa-
« roisse de Saint-Aubin-en-la-Campagne, vendent
« aux moines de Saint-Ouen une pièce de bosc, en
« la paroisse dessusdite, entre le bosc monseigneur
« Laurens Chambellan, chevalier, d'une part, et le
« bosc Jouanne Dubuc, d'autre, l'an de grâce 1294,
« mercredi en la vigile de la Thisaigne[1]. »

Il avait aussi des biens à Imarre, près de Goui :
« La masure vilaine Jean-Marie contient environ
« XVI acres de terre et est assavoir que ladite ma-
« sure rend II septiers d'aveine [folle à la mesure de
« Quievreville, marchande, à la feste Saint-Andrieu,
« et deux boisseaux de froment doublées hochi.....,
« et VIII sous de campartage à la Saint-Michel de la
« vente monsaignor Lorens le Chambellenc[2]. »

Il possédait aussi à Goui des terres dans la mouvance de l'abbaye de Saint-Ouen : « Monsr. Lorens
« le Chambellenc, chevalier, tient un bordage qui

---

[1] *Cartulaire de Saint-Ouen*, n° 31, f° 17 v°. — Archives de la
Seine-Inférieure.

[2] *Livre des jurés de l'abbaye de Saint-Ouen*, f° CI v°. — Archives
de la Seine-Inférieure.

« contient demie acre de terre et en rent une mine
« d'orge, d'aveine et de segle à Noël, et iii s. à la
« Saint-Michiel, et une géline à Noël, et xx oex à
« Pasques, pour toutes choses[1].»

« Monsr. Lorens desus dit, Thomas Le Feivre,
« Lorens Benart tiennent acre et demie de terre,
« donc ils rendent iiii s. à la Saint-Michiel, affere
« forgier les fers des carues de Goy et Seique-
« molte[2]. »

Laurent Chambellan, pieux et généreux, désira
laisser un souvenir durable de ses bienfaits dans son
fief de la grande paneterie ; il fonda au port Saint-
Ouen, paroisse de Goui, un hospice pour les pau-
vres et les orphelins, et un asile où les mendiants
se réfugiaient pendant la nuit. Une charte originale,
mais postérieure de beaucoup d'années à cette fon-
dation, ne laisse aucun doute sur la bonne action
de notre grand panetier.

Les moines de Bonport ont possédé ce lieu jusqu'en 1789 ; il n'y avait plus alors d'hospice ; on ne
disait plus depuis longtemps la messe dans la chapelle, détruite il y a vingt ans [3],

1327, 20 *Décembre*. « Charles, par la grâce de Dieu, roys de
France et de Navarre, à notre amé clerc maistre Pierre Dreve,
député de par nous sur les finances des nouviaus acquez en
la baillie de Roen, salut et dilection. Comme vous contraignez

[1] *Livre des jurés de l'abbaye de SaintOuen*, Gouy, fo CXIIII.
[2] *Ibid.*, fo CXIIII v°.
[3] Archives de la Seine-Inférieure, F. de l'Achevêché.

l'abbé et le couvent de Bonport à paier sept vins quatre livres
de finance pour cause de dis et sept livres de rente que *Lorans
le Chambellanc, chevalier,* jadis donna à l'ospital que il fonda au
Port-Saint-Oen, prés de Roen, pour cause de hébergier par
chascune nuit dis et huit pouvres, dou quel hospital li diz chevalier donna la garde aus diz réligieux, si quel y dient messe
troiz fois la semaine,

« Savoir vous faisons que nous pour Dieu et en aumosne,
avons quité aus diz religieux les dites sept vins quatre livres
de finance, pour quoi nous vous mandons que dore en avant,
vous ne les contraigniez, ne ne souffrez à contraindre pour
cause de la dite finance et se aucune chose est prise du leur
pour ceste cause, que vous la délivrez sanz délay. Donné au
bois de Vincennes, le XXe jour de décembre, l'au de grâce mil
CCC vint et sept. »

Laurent Chambellan acheta, en 1259, du roi
saint Louis, une ferme située entre Saint-Aignan et
le Boisguillaume, isolée dans la plaine nommée aujourd'hui les Vastines, moyennant une rente de
23 livres. Trente ans plus tard et en 1289, Laurent
Chambellan et Mathilde Maheut, sa femme, aban-
donnent cette ferme aux religieux du Mont-aux-
Malades, avec le droit de basse justice qui y était
annexé ; le couvent donna en échange tout ce qu'il
possédait en hommes, terres et revenus dans les
paroisses de Sotteville sous le val, d'Igouville, de
Pitres et des Authieux, près le Pont-de-l'Arche [1].

Laurent réunissait ainsi des biens très-rappro-
chés, à la vérité, de la châtellenie de Goui ; mais
faisait-il une bonne affaire ? Il est permis d'en douter.

---

[1] *Hist. du prieuré du Mont-aux-Malades,* par Langlois, p. 97.

Jusqu'à présent nous avons eu recours à des titres étrangers à nos archives; nous y puiserons maintenant en produisant le *vidimus* d'une charte de 1279, établissant qu'à cette époque Laurent Chambellan exerça à Rouen les fonctions de grand panetier[1] :

« A tous ceulz qui ces présentes lectres verront ou orront, Hue, sire de Doncquière, chevalier, chambellan du roy nostre sire et son bailli de Rouen, salut. Savoir faisons, nous, l'an de grâce mil quatre cens et ung, le samedi segond jour du moiz de juillet, avoir veu cinq lectres saines et entières en seaulx et en escriptures, la première scellée du seel de la baillie de Rouen et de la quelle la teneur ensuit :

« A tous ceulz qui ces lettres verront, le baillif de Roan, saluz. Nous faisons assavoir que du commandement de noz maistres de l'Eschiquier, nous avons paié à Monsieur Lorenz le Chambellent, chevalier, pour six jours que nostre seigneur le roy demoura à Roan, environ l'Assumptian Nostre-Dame, trente-trois soulz tournois en recompensacion de sa livreson de pain, de vin, de char, de poisson et d'autres viandes que il a acoustumé à avoir quant li roys demeure à Roan et dont il a chartre. C'est assavoir, pour chascun jour, cinq soulz six deniers tournois. En tesmoing de laquelle chose nous avons donné au dit chevalier, par le commandement de noz maistres, ces présentes lectres scellées du seel de la baillie de Ròan ; sauve la droicture le roy et l'autrui. Ce fut fait en l'Eschiquier qui fu à Roan, à la quinzaine de la Saint-Michiel, en l'an de grâce mil deux cens soixante-dix et neuf. »

Laurent vivait dans le treizième siècle, époque de croyances vives et de foi sincère; les fonctions les plus modestes dans les maisons des prélats ou dans les abbayes étaient honorables et recherchées par

[1] Archives du château de Belbeuf, Goui, liasse 2, pièce n° 1.

de grands personnages, se faisant un honneur de les exercer.

L'abbé de Saint-Ouen de Rouen tenait un rang très-élevé dans la ville; son abbaye jouissait de grands priviléges et de nombreuses exemptions; il luttait souvent, avec avantage, de puissance et d'autorité avec le maire et les pairs de la cité. On le considérait avec raison, après l'archevêque, comme le dignitaire le plus élevé du clergé. Laurent Chambellan était l'un de ses chambellans. L'abbé de Saint-Ouen avait ainsi, comme un prince, auprès de sa personne, des officiers décorés de ce titre.

Il ne faudra pas s'étonner de ce qu'on lira dans la transaction passée entre le grand panetier de Normandie, le châtelain de Goui, un noble de haut parage, *un chevalier* et l'abbé de Saint-Ouen de Rouen.

Cette transaction n'impose plus à Laurent l'obligation de fournir, chaque année, deux chevaux et leurs harnois à l'abbaye; il continuera de jouir de certains avantages, il recevra du bois pour son chauffage, à prendre dans la forêt Verte, etc.; mais aussi, à moins qu'il ne justifie d'une maladie et d'une impossibilité réelle, il sera tenu, *trois fois par an*, les jours de Pâques, de Noël et de la fête de Saint-Ouen, de *servir l'abbé toute la journée, matin et soir*, soit au réfectoire, soit dans sa chambre; il n'aura même pas l'honneur de dîner à sa table, il faudra qu'il se contente de prendre son repas *cum armigeris;* et s'il ne donne pas de bonnes raisons de son absence, il s'engage à payer des amendes.

Il assistera aux processions, *un bâton à la main* pour écarter le peuple, s'il veut s'approcher de trop près du clergé.

Cette charte est bien certainement la plus cu-rieuse de notre histoire[1] :

« In nomine Patris et Filii et Spiritus Sancti, amen. Cum viri religiosi, abbas et conventus S. Audoeni Rothomagensis, ex una parte, et Laurencius, camerarius, ex altera, se supposue-runt penitus alto et basso dicto, voluntati, ordinacioni nostri Ascii, Dei permissione, abbatis S. Victoris in Caleto super de-ductione, excambiatione et procuratione liberacionum panis et vini, carnium, ovorum et usagii nemorum et omnium alio-rum que idem Laurencius percipiebat et percipere poterat, quacumque ex causa, seu quocumque titulo in abbacia S. Au-doeni Rothomagensis et nemoribus eorumdem religiosorum et serviliorum, que idem Laurencius faciebat et facere debebat dictis religiosis qualiacunque existerent, nos, pro bono pacis, honus ordinandi de premissis recipientes, de bonorum viro-rum consilio, in modum qui sequitur duximus ordinandum. Ordinamus etiam et pronunciamus dictum Laurentium de cetero esse immunem et ejus heredes, super servicio duorum equorum cum hernosis et omni alio servicio in quo tenebatur abbati sancti Audoeni Rothomagensis, ratione buticularie seu camerarie quam habebat in abbacia antedicta, excepto quod idem Laurencius vel ejus heredes, in propria persona, nisi legitimo et corporali impedimento detenti fuerint, tenebuntur servire coràm abbate S. Audoeni Roth., qui pro tempore fuerit vel presidente in eadem abbacia, si abbatem abesse contigerit, in refectorio vel extra in camera Domini abbatis, si dicto ab-

[1] *Cartulaire de Saint-Ouen,* nᵒ 28 *bis,* fᵒ 29. — Archives de la Seine-Inférieure.

bati vel presidenti placuerit per tres dies, quolibet anno, tam
in mane quàm in sero, videlicet de cupa et de vino, die Pasche,
die S. Audoeni, in festo majori et die Natalis Domini, nulla
citatione premissa; et in dicto festo S. Audoeni majori idem
Laurentius vel ejus heredes intererunt processioni cum virga
in manu ad custodiendam feretrum et ad pressuram, si necesse
fuerit, populi deprimendam ; et in dictis diebus, idem Laurentius vel ejus heredes comedent, si voluerint, cum armigeriis
(*sic*) abbatis predicti. Et si idem Laurencius vel ejus heredes
defecerint in aliquo premissorum pro quolibet defectu, nomine
emende, tenebuntur in decem solidis abbati et monachis supra
dictis. Item, idem Laurentius vel ejus heredes, ter in anno intererunt in plateis (*sic*) abbatis et conventus S. Aud. apud
Rothomagum ad tenendum dicta placita vel ordinandum te-
nentem eadem cùm ad hoc idem Laurencius vel ejus heredes
citati fuerint, competenter; et si defecerint pro quolibet defectu, nisi habeant legitimum impedimentum quod possint
probare per suum juramentum, decem solidos, nomine pene,
solvere tenerentur dictis religiosis. Item, ordinamus et pronunciamus ut dictus Laurentius et ejus heredes de cetero perci-
piant et habeant in abbacia S. Audoeni, singulis diebus, vi-
num panem conventualem et duos panes nigros de hospicio.
Item, singulis annis, centum solidos turonenses per manum
abbatis vel thesaurarii, qui pro tempore fuerint, videlicet ad
Nativitatem beati Johannis Batiste quinquaginta solidos et ad
Nativitatem Domini, quinquaginta solidos, de quibus, nisi
eidem Laurencio vel ejus heredibus, satisfactum fuerit terminis supradictis, quolibet anno, infra octabas dictorum festo-
rum; dum tamen idem religiosi fuerint super hoc sufficienter
requisiti, idem religiosi ex tunc, quolibet die, in duobus solidis tenebuntur, nomine pene, eidem Laurencio vel ejus heredibus, quousque debito predicto eisdem plenariè fuerit satisfactum. Item, ordinamus et pronunciamus ut idem Laurentius
et ejus heredes de cetero, quolibet anno, percipient et habe-
bunt in foresta de Selvesons, in mesterio de Ysncauvilla, per
liberationem forestarii principalis, loco competenti, sinè dolo
et fraude, vinginti quadrigatas nemoras (*sic*) cum tribus equis

deferendas, de quibus idem Laurentius et ejus heredes, peni-
tùs suam poterunt facere voluntatem et eas percipient inter
Pascha et Penthecostes ; et si dicta foresta, in parte predicta,
destructa fuerit vel defecerit, idem Laurencius, vel ejus heredes, dictas vinginti quadrigas nemoras (*sic*) percipient alibi,
per liberacionem dicti forestarii, ubi melius et competentius
absque dolo et fraude et in commodo alterutriusque partis vi-
debitur expedire.

« Item, ordinamus et pronunciamus ut idem religiosi de
pane, vino, carnibus, ovis, allectibus, piscibus, avena, quadam
curica, ansere, pullis et alliis quibuscunque rebus quas idem
Laurencius percipiebat seu percipere debebat a predictis religiosis, nichil amplius possint petere, vel exigere, nisi panes,
quadrigatas nemorum et peccunie quantitatem, qui superiùs
sunt expressi et à nobis dicto Laurencio et ejus heredibus per
pronunciationem et ordinacionem nostram sunt concessi. Volumus etiam, ordinamus et pronunciamus et predictis partibus
sub pena nostro promisso apposita, precipimus ordinationem
nostram suprascriptam ab utraque parte, per omnes et singu-
los articulos observandum et dictas partes ad eum observandum
condempnamus.

« In cujus rei testimonium presenti scripto sigillum nostrum
duximus apponendum.

« Actum anno Domini Mᵒ CCᵒ LXᵒ primo, die Veneris antè
Purificationem beate Marie virginis. »

Plus tard, une nouvelle transaction intervint entre Laurent Chambellan et l'abbé de Saint-Ouen ;
mais les obligations personnelles de service auprès
de l'abbé ne sont modifiées en aucune manière : [1]

1269. « Omnibus hec visuris, Nicolaus, divina permissione
abbas Sancti Audoeni, totusque ejusdem loci conventus, salu-

1 Archives de la Seine-Inférieure. — *Cartulaire de Saint-Ouen*,
nᵒ 34, fᵒ 331, vᵒ.

tem in Domino. Noveritis quod cum contentio moveretur inter nos, ex una parte, et Laurentium, nostrum cambellanum, ex altera parte, super quibusdam serviciis de duobus equis et aliis serviciis que nobis debebat, et que non faciebat ut deberet, et de quibusdam liberationibus quas capiebat in domo nostra aliomodo quam deberet ut dicebamus, dicto Laurentio e contrario asserente.

« Tandem ita extitit inter nos, de consilio bonorum virorum et de communi assensu nostro, amicabiliter ordinatum quod dictus Laurentius et sui heredes, ab omnibus serviciis duobus equis cum hernesie, et ab omnibus aliis serviciis quibuscumque que nobis debebat ratione sue cubicularie seu camerarie, quam habebat in nostra abbatia liberi et immunes remanebunt, hoc tamen excepto quod dictus Laurentius et sui heredes in propria persona, nisi legitimo corporali impedimento detenti fuerint, tenebuntur de cetero servire coram nobis et coram successoribus nostris abbatibus qui pro tempore erunt, vel coram presidenti, si abbas contingerit abesse et non plus de ista littera.

« Datum anno M° CC° sexagimo nono, die dominica post Assentionem Domini. »

Laurent Chambellan et Mathilde Maheut, son épouse, choisirent tous deux l'église du prieuré du Mont–aux–Malades pour leur sépulture; on voit encore dans cette église la pierre tumulaire de Mathilde, dont voici l'inscription, donnée par l'abbé Langlois dans son excellente *Histoire du prieuré du Mont-aux-Malades*, page 356 :

« *Tombe de Mathilde Maheut, femme du cham-*
« *bellan Laurent, devant la chaire, dans l'allée*
« *principale :*

« Giste madame Maheut, qui fu fame monsei-

« gneur Lorens le chambellanc, qui trépassa l'an
« de grace M.CC.IIII^{xx}XIII (1293), le vendredi après
« la Quasimodo. Dix li face pardon, Amen. »

M. l'abbé Langlois ajoute : « L'image de Mathilde
« est gravée en creux sur son tombeau, sa tête et
« son visage sont emprisonnés dans une sorte de
« guimpe, ses mains sont religieusement jointes et
« sa robe artistement plissée sur les épaules, ce qui
« était un grand luxe de l'époque ; sa physionomie
« exprime la placidité, presque la joie du trépas
« chrétien. »

L'inscription de Laurent Chambellan n'existe
plus aujourd'hui; mais elle a été conservée par Farin, dans son *Histoire de Rouen* :

« Cy gist M. Lorens le Chambellan, chevalier, qui
« décéda l'an M.CCC.IIII. »

Laurent devait alors être très-âgé ; il ne laissa pas
d'enfants. La terre de Goui, avec le titre de grand
panetier de Normandie, passa à Pierre Ier de Poissy,
son héritier. La Roque dit avec raison : « La charge
« de panetier héréditaire entra dans la famille de
« Poissy par celle *Duplessis*, dite le Chambellan.
« Car *Laurent Chambellan* est dit panetier du roy
« l'an 1256[1]. »

---

[1] La Roque, *Hist. de la maison d'Harcourt*, t. I, p. 264.

TOMBE DE MATHILDE.

CHAPITRE V.

La maison de Poissy, originaire de la ville de Poissy, près Paris, possédait de grands domaines à Poissy et dans les environs de la capitale.

Elle portait le nom de la ville de Poissy.

Son origine se perd dans la nuit des temps ; elle comptait parmi les plus anciennes et les plus nobles du royaume.

On lit dans le cartulaire de l'abbaye du Bec [1], que « Hugues, comte de Meulan, fils de Valeran, con- « firma les donations qu'il avait faites à ce monastère « l'an 1069 au mois de septembre, y fit intervenir « Odard, son fils, et Hugues, fils de Gautier de Poissy. « Est témoin Guillaume de Garlande. »

« Simon de Poissy et Agnès, sa femme, sont dé- « nommés en une charte de l'an 1109. »

« Amaury de Poissy est dit fils de Wosse, fonda- « teur de l'abbaye d'Abancourt pour les chanoines « réguliers, l'an 1215. »

Plus anciennement, Gaston de Poissy était grand chambellan sous Philippe Ier ; il souscrit la charte de la franchise de Challo-Saint-Mard ; octroyée à

---

[1] La Roque, *Histoire de la maison d'Harcourt*, t. II, p. 2042.

Eudes, châtelain d'Etampes, en 1095 [1]. Gérard de Poissy donnait, sous Philippe-Auguste, onze mille marcs d'argent pour le pavage des rues de Paris. Mais, hélas ! cette patriotique lettre de change ne fut acquittée par personne.

Duchesne fait mention, en 1236, de Colard de Poissy, chevalier, et de ses vassaux de Fellins, et d'un *vidimus* fait en février 1140, sous l'aveu du roi Louis VII, dit le Jeune, concernant l'église collégiale de Poissy. Guasse de Poissy et Guillaume de Garlande y étaient intéressés.

Robert de Poissy avait épousé la fille de Hue Talbot, seigneur de Noyon-sur-Andelle, etc., et de Marie de Meulant. La maison de Meulan était des plus illustres, alliée aux rois d'Angleterre, ducs de Normandie, et célèbre dans l'histoire.

Robert de Poissy II, son fils, épousa Isabeau de Neubourg, dame du Pont-Saint-Pierre ;

Robert III épousa Luce Chambellan, fille de Brice Chambellan ;

Robert de Poissy IV épousa, en 1261, Isabelle de Marly.

Il ne nous sera plus désormais nécessaire de recourir, pour établir la filiation de la maison de Poissy, aux auteurs plus ou moins bien informés qui ont écrit la généalogie de cette famille. A partir de 1304, époque de la mort de Laurent Chambellan,

[1] Le P. Anselme, *Hist. des Grands Officiers de la couronne*, t. VIII, p. 460.

dont Pierre Ier de Poissy fut héritier, nous suivons, dans les titres réunis dans nos archives, d'une authenticité incontestable, toute la filiation des grands panetiers de Normandie.

Pierre Ier de Poissy, héritier de Laurent Chambellan, se présente sous le règne de Louis X, dit Hutin, pour exercer les fonctions de grand panetier.

Le même Pierre de Poissy se présentait encore à la cour de Philippe le Long, postérieurement à 1316; il y remplissait également les mêmes fonctions.

Jean Ier, son fils, obtint, en 1323, la confirmation de la charte d'Odon de Malapalude :

« Karolus, Dei gratiâ Francie et Navarre rex, notum facimus universis tam presentibus quam futuris, nos litteras infra scriptas vidisse in hec verba : »

Suit la charte d'Odon de Malapalude, rapportée plus haut (p. 7) :

« Nos autem contempta in supra scriptis litteris quatenus dictus Odoinus et ejus heredes eis hactenus usi sunt et ea possederunt pacificè et quietè, rata habentes et grata, ea laudamus, approbamus et prescencium tenore confirmamus, salvo jure nostro in omnibus et quolibet alieno. Quod ut firmum et stabile permaneat in futurum, nostrum presentibus litteris fecimus apponi sigillum.

« Actum apud bonam villam supra Touquam, anno Domini M°.CCC°.XXIII°. mense julii. »

L'année suivante, Jean Ier de Poissy, fils de Pierre,

5

faisait valoir les priviléges de grand panetier; il obtint une charte que nous produisons d'après le *vidimus* de Hue, sire de Donquierre; on y trouve la
mention précieuse que Pierre Ier était le père de
Jean Ier, et qu'il avait exercé les fonctions de grand
panetier sous les règnes de Louis Hutin et de Philippe le Long[1] :

1324. « Item ensuit la teneur de la seconde lectre :

« A hommes nobles et sages, mes chers amis, messire Ro-
gue de Suy et messire Michiel de Roiencourt, chevaliers et
maistres de l'ostel nostre sire le roy, Guillaume, sire de Flavacourt, chevalier, se recommande à vous avec toute honneur
et toute révérence; chers amis, comme vous m'aiez escript
par vos lectres, s'il estoit voire que Pierre de Poissy, père de
Jehan de Poissy, fûst en saisine d'avoir telx drois en l'ostel le
roy, quand il est à Rouan, c'est assavoir : quatre deniers de
pain, un sestier de vin, un grant mez de deux mez aux chevaliers, et un d'espensable et tout le pain qui demeure en la
penneterie quant ly roys fait mocion. Savoir vous fais de certain, que sa chartre veue par le conseil le roy Philippe, qui
estoit lors; et portoie sa chartre devers le roy; il fu com-
mandé à moy de mectre luy en saisine de tout ce qui contenu
estoit en sa dicte chartre, et lui mis, et il fist le service qu'il
en devoit faire; et tout en icelle mesme manière, je le mis en
saisine, du temps le roy Loys, en saisine en la manière que
contenu est en sa chartre, et il fist le service que il devoit
faire; et ce je vous certiffie par mes lettres pendans, en la manière que escript le m'avez.

« Donné à Flavacourt, le jour de feste Saint-Lucas, l'an mil
trois cens vingt et quatre. »

Voici maintenant une charte étrangère à l'histoire

---

[1] Archives du château de Belbeuf; Goui, liasse 2, n° 1er.

des grands panetiers de Normandie; elle est cependant digne d'y figurer; elle indique le nom du seigneur de Goui, de la maison de Poissy, en 1325, et de plus elle contient des stipulations sur la contrainte par corps, qui présentent un véritable intérêt :

« A touz ceus qui ces lectres verront, le baillif de Rouen, salut;

« Sachiez que par devant Simon Lalemant, garde du seel des obligacions de la viconté du dit lieu, fu présent Michel du Roulle, qui recongnut qu'il avoit pris en fié et en perpétuel héritage à touz jours de *Jehan de Pecy*, *escuier*, la pointe d'une yslé appelée l'ille de Braffalers, en la paroisse de Tourville, entre les hoirs Michel du Roulle d'un costé et *l'eau le Roy d'autre*, *aboutissant à l'eaue Saint-Ouen d'un bout et à l'eaue le Roy d'autre*, pour dis sous de rente, rendant, chascun an, au dit escuier et à ses hoirs avec une douzène de nasses de rente, lesqueles nasses il li cuzurera chascun an, as despens du dit preneur tout à val l'an, ainsi qu'il doivent estre renouvelées chascun an au pardon [Saint-Romain], un boutel chascun an à garder son poisson, à paier les dis sous de rente la moitié au pardon Saint-Romain et l'autre moitié à la mi-quaresme; et se le dit Michel ou ses hoirs vouloient laisser le dit héritage il [payeroient] au dit escuier ou à ses hoirs sexante sous comme de contre plaige [avec la rente] de l'année; et promit le dit Michel, pour lui et pour ses hoirs à rendre tous les cous et les damages que le dit escuier ou ses hoirs avoient pour la dite rente acquerre et pour cacher, chacun an après chascun terme passé dont le porteeur de ces lettres seroit creu par son serement sans autre preuve, *et pourront, le dit Jehan et ses hoirs, fere leur justice sur le dit héritage*, pour avoir chascun an la dite rente as termes dessusdis et pour ceu tenir et accomplir, il en oblige soi et ses hoirs et touz ses biens muebles et non muebles présents et avenir *et son cors à tenir en prison se il venoit contre ces choses*.

« En tesmoing de ceu nous avon fet metre à ces lettres le
seel des dictes obligations, sauf autre droit.

« Ce fu fet l'an de grâce mil CCC vint et chinc, le lundi après
la Sainct-Mathias, apostre. »

Nous avançons dans le quatorzième siècle; la
province de Normandie pourra croire un instant
être revenue à son ancien état de duché indépendant. Nous citerons ici le savant ouvrage de M. Chéruel sur l'époque consulaire de Rouen[1] :

« L'événement le plus important de l'histoire de
« Rouen et même de la Normandie, sous Philippe
« de Valois, fut le rétablissement de la dignité du-
« cale dans la province; il y avait plus d'un siècle
« que le duché avait été réuni à la couronne, mais
« le souvenir de l'ancienne indépendance vivait
« toujours au fond des cœurs; on désirait le réta-
« blissement du duché comme le remède à tous les
« maux, comme un retour certain à des jours de
« gloire et de puissance; on se plaignait du despo-
« tisme de la royauté et de ses représentants. En
« effet, depuis la conquête de la Normandie par
« Philippe-Auguste, l'influence du pouvoir central
« était devenue chaque jour plus forte à Rouen et
« dans toute la province, sans parler des commis-
« saires de l'Échiquier, dont la présence avait déjà
« provoqué une révolte; les officiers royaux, tels
« que le bailly, son lieutenant, le vicomte, le vi-
« comte de l'eau, les maîtres des eaux et forêts, y

[1] t. II, p. 4.

« exerçaient la plus grande autorité ; la commune
« avait toujours surveillé leur juridiction, mais elle
« n'avait pu l'empêcher de s'étendre et d'acquérir
« peu à peu une influence prépondérante, surtout
« depuis l'époque où Philippe le Bel avait tempo-
« rairement aboli la commune et supprimé ses
« priviléges. On se persuada que cette invasion
« menaçante du pouvoir central s'arrêterait si la
« Normandie recouvrait son duc et ses franchises
« provinciales ; aussi accueillit-on avec enthou-
« siasme, en 1332, la nomination du nouveau duc
« de Normandie.

« Ce fut vers Noël que le roi Philippe de Valois
« confia cette dignité à son fils aîné Jean. Le nou-
« veau duc vint à Rouen à l'octave de l'Epiphanie
« de l'année 1333 ; les habitants le reçurent avec
« la joie la plus vive. La cérémonie du couronne-
« ment dut être pour la province entière, et surtout
« pour la capitale, un jour d'allégresse. On vit re-
« paraître l'antique couronne ducale avec son cer-
« cle d'or orné de roses d'or. L'anneau ducal, passé
« au doigt du nouveau souverain, fut un emblème
« de son union étroite avec la province ; l'archevê-
« que, en le lui donnant, lui adressa l'ancienne
« formule : « *Reçois cet anneau, signe d'une sainte*
« *fidélité et de la stabilité de ton duché;* » puis, lui
« ceignant l'épée : «*Reçois,* lui dit-il, *ce glaive que je*
« *te donne avec la bénédiction de Dieu; puisse-tu,*
« *par la vertu du Saint-Esprit, t'en servir pour*

« *triompher de tes ennemis et de tous les adversai-*
« *res de la sainte Église et protéger le duché qui t'est*
« *confié.* » Le duc, revêtu de tous les insignes de sa
« dignité, prêta le serment que lui imposaient les
« anciens usages, etc. »

Un si grand événement pour la province de Normandie devait faire revivre les charges, l'ornement
de la cour des anciens ducs. En effet, les héritiers
des fiefs auxquels ces dignités étaient attachées
s'empressèrent d'exercer leurs fonctions auprès du
nouveau duc de Normandie.

Jean, fils aîné de Philippe de Valois, duc de Normandie, étant venu à Rouen, Pierre de Poissy II,
fils et héritier de Jean de Poissy, se présenta devant
les maistres de l'ostel de nostre sire le duc de Nor-
mandie, le Borgne de Prie et Guy de Leuse, cheva-
liers, pour obtenir la confirmation des priviléges de
grand panetier; il obtint ce qu'il désirait. La confirmation ne lui est pas accordée au nom du roi de
France, mais en celui du nouveau duc seulement.

Cette charte originale se trouve reproduite dans
le *vidimus* de Hue, sire de Donquierre; nous avons
pu ainsi vérifier la parfaite exactitude de ce *vidi-*
mus [1] :

« A tous ceus qui ces presentes lectres verront ou orront,
nous, *le Borgne de Prie et Guy de Leuse, chevaliers et maistres de*
l'ostel nostre sire le duc de Normandie, salut.

« Savoir vous faisons que comme nostre dit seigneur, en

---

[1] Archives de Belbeuf, Goui, n° 2 de la 2ᵉ liasse.

cest présent an, fust venu et descendu en la ville et en son
chastel à Rouan, et monseigneur Pierre de Poissy, chevalier,
fust venu par devers nous, li requérant à avoir certains drois,
qui à li devoient appartenir par titre de don royal, entre plu-
rieurs autres choses dedens contenues, à cause de la paneterie
du dit seigneur, toutes fois que il dessent en la dicte ville; le
quel avoit piècha esté fait à ses prédécesseurs, si comme il povoit plus plainement apparoir par certains privillèges sur ce
fais. C'est assavoir, en la despensse du dit seigneur quatre der-
rées de pain, en son celier un setier de vin à chevalier, et en
sa cuisine quatre mais, un des grans, deux à chevalier et un
despensable ; et le demourant du pain, qui demeure en sa paneterie, quant il se part de la dicte ville de Rouen.

« Et de ceu ont joï et usé, li et ses prédécesseurs, de si lont
temps, que il n'est mémoire du contraire, si comme il disoit.

« Nous, pour ce que nous ne savions pas la vérité de ceu,
atreismes et feismes venir plusieurs personnes créables, sa-
chans et dignes de foi, en la présence de monseig' Pierre de
Cuignières, monseigneur Johan Richier, chevaliers, messire
Philippe de Trie et de sire Pierre des Essars, conseilliers du dit
seigneur et maistres des requestes de son hostel ; et la déposi-
cion d'iceuls tesmoins oïe ; ovec la lecture des dis privillèges
que portoit le dit messire Pierre de Poissy ;

« Nous, par le consail d'iceuls, octroiasmes au dit messire
Pierre, sa dicte requeste, pour le dit seigneur et li meismes au
délivre, et acordames à avoir toutes les choses dessus dictes à
présent, tout en la manière que requis l'avoit et que contenu
est en ses dis privillèges ; et en donnasmes au dit chevalier et
à ses hoirs ces lectres séélés de nos proppres seauls, pour leur
valoir en temps et en lieu, ce que valoir leur devra.

« Ce fu fait et donné à Rouen le huictiesme jour de may, l'an
de grâce mil trois cens quarante et trois. »

Jean, duc de Normandie, monta sur le trône de
France en 1330, après la mort de son père, sous le
nom de Jean II; il n'y avait plus de duc de Nor-

mandie; cependant Pierre de Poissy II, profitant de la présence du roi à l'abbaye de Bonport, près de Goui, demanda et obtint encore de ce monarque (1351) une charte en latin dont nous possédons également l'original, conforme en tous points au *vidimus* du bailli de Rouen[1] :

« Johannes Dei gratiâ Francorum rex, dilectis et fidelibus magistris hospicii nostri, salutem et dilectionem.

« Cum dilectus et fidelis noster Petrus de Poissiaco, miles, nobis legitimè fidem fecit, quod ipse ex previlegio et dono regio, suis predecessoribus olim facto, certa jura in hospicio nostro, quocienscumque nos vel regem Francie, qui pro tempore fuit, in civitate nostrâ Rothomagense descendere contingit, debet habere, ratione penneterie nostre, videlicet in expensa nostra, quatuor denariatas panis, in celario nostro unum sextarium vini pro milite, in coquinâ nostrâ quatuor fercula, unum de magnis, duoque pro milite et unum expensabile, ac residuum panis, quod, dum de dictâ civitate recedimus, in nostrâ penneteriâ reperitur.

« Nobis et vestrum cuilibet mandamus et districtè precipimus quatenus dicta jura omnia et singula, pro hâc vice, quâ in dictâ civitate Rothomagensi nuper descendimus, et in anteà quocienscumque nos, inibi descendere contigerit, vos eidem militi sine difficultate et contradictione quacumque liberetis seu liberari faciatis.

« [Da] tum in monasterio Boni-Portus, die sexta aprilis, anno domini millesimo CCC°. quinquagesimo primo. — In requestis hospicii. — *Signé:* TOURNEUR. »

En 1355, apparaît encore un nouveau duc de Normandie; le roi Jean accorde ce titre à son fils

[1] Archives de Belbeuf, Goui, liasse 2, n° 3.

aîné, Charles, devenu depuis roi de France ; l'histoire l'a nommé Charles le Sage.

Pierre de Poissy II profite de ce moment favorable ; il arrive ses titres à la main et obtient (1355), au nom du nouveau duc de Normandie, la confirmation de ses priviléges par une charte dont nous produisons le *vidimus* ; elle est la dernière du *vidimus* de Hue de Donquierre [1] :

22 *Janvier* 1355. « A tous ceux qui ces présentes lectres verront ou orront, nous, Loys de Beaumont, chevalier, souverain maistre de l'ostel *nostre seigneur le duc de Normandie,* salut.

« Savoir vous faisons que comme nostre dit seigneur, en cest présent an, fust venu et descendu en la ville et en son chastel à Roan ; et messire Pierre de Poissy, chevalier, fust venu par devers nous, lui requérant à avoir certains drois, qui à lui devoient appartenir par tiltre de don royal, entre plusieurs autres choses dedens contenues, à cause de la penneterie du dit seigneur, toutes foiz que il descent en la dicte ville, le quel avoit piéça esté fait à ses prédécesseurs, si comme il povoit plus pleinnement apparoir par certains privillèges sur ce faiz ; c'est assavoir, en la despence du dit seigneur, quatre denrées de pain, en son celier un setier de vin à chevalier, et en sa cuisine quatre mez, un des grans, deux à chevalier et un despensable et le demourant du pain qui demeure en sa paneterie quant il se part de la dicte ville de Rouen. Et de ce ont joy et usé lui et ses prédécesseurs de si long temps qu'il n'est mémoire du contraire, si cómme il disoit.

« Nous, pour ce que nous ne savons pas la vérité de ce, feismes, en la présence de messire Guy de Leuse, messire Philippe des Essars, chevaliers, maistres de l'hostel de nostre dit seigneur, Symon de Melun, maistre Guy de Saint-Sépulcre et de messire Pierre d'Orgemont, conseillers du dit seigneur ; et

[1] Archives de Belbeuf, Goui, liasse 2, n° 1er.

maistres des requestes de son hostel, veoir les lectres des possessions, avecques la lecture des dis privillèges que portoit le dit messire Pierre de Poissy.

« Nous, par le conseil d'iceulx, octroyasmes au dit messire Pierre, sa requeste pour le dit seigneur et lui meismes au délivre, et accordasmes à avoir toutes les choses dessus dictes, à présent, tout en la manière que requis l'avoit, et que contenu est en ses dis privillèges, et en donnasmes, au dit chevalier et à ses hoirs, ces lectres scellées de nostre propre seel, pour leur valoir, en temps et en lieu, ce que valoir leur devra. Ce fu fait et donné à Rouen le xiie jour de janvier, l'an de grâce mil CCC cinquante-cinq. »

Hue, sire de Donquière, termine ainsi son *vidimus :*

« En tesmoing de ce, nous ayons mis à cest présent transcript le grant séel aux causes du dit baillage. Ce fu fait en l'an et jours premiers dessus diz. » (*Juillet* 1401.)

Charles le Sage monta sur le trône en 1364. Sous le règne de ce prince, Jean de Poissy III, fils de Pierre II, rendit au roi, le 4 février 1373, aveu du fief de la grande paneterie; cette charte originale, très-usée, présente quelques lacunes, mais le sens n'en est pas altéré, ainsi que la production fidèle que nous en donnons va le démontrer [1] :

4 *Février* 1373. « Saichent tuit que je Jehan de Poissi, chevalier, tieng du roy nostre sire, un fieu de haubert, dont le chief est assis ès vicon[té du Pont-de-]l'Arche et s'estend à Tourville et Soteville, près du Pont-de-l'Arche, à Rouen, à Soteville, près de Rouen, à Varenge[ville, Saint-Jehan-du-]Cardonnay et ès paroisses et lieux d'illec environ; et est ap-

[1] Archives de Belbeuf, Goui, liasse 1re, n° 2.

pellé le fieu de la panneterie, et en doy servir le ro[y] . . . . .
. . . . ville ou chastel de Rouen, en office de pannetier pour tous autres services, gardes, faisances et redevances
. . . . certains drois, chacun jour à la court de nostre
dit seigneur, quand il est ès diz lieux, comme dit est, avec
certain. . . . . à cause de mo. . . . . par toute
Normandie, si comme je le porte par privileiges confermez du
roy nostre sire d. . . . . de Crosm[are]. . . . . . .
nostre dit seigneur tient de moy un demi-fieu de haubert assis
en la dicte viconté de Rouen [Saint-Jehan-du]-Cardonnay. . . .
. . . . . et illec environ, nommé le fieu de Periés.

Item je tienct de nostre dit seigneur un qu[art de fief assis
ès] paroisse du Bois-Guérard, en la dicte viconté de Rouen et
illec environ, par faisant quatre jours de service [par an]. . .
. . . . du chastel de Cailly en temps de guerre. Protestant que
se au dénombrement dessus dit aucune [chose]. . . . .
. . . . tenir du roy nostre sire. — Donné soubs mon seel le
quatrième jour de février l'an mil ccclxxiii. »

 Jean III de Poissy termina par une transaction un
procès commencé par Pierre de Poissy, son père,
pour un droit de passage sur la rivière de Seine, au
Port-Saint-Ouen, qu'il prétendait contre les moines
de Saint-Ouen. Voici les termes de cette transaction[1] :

Les religieux disaient « que tout iceli port et passage estoit
leur et leur appartenoit en fons, propriété et possession, pour
reson et au droit de la fondacion de leur dis hostes, et que à
ce titre, euls et leurs prédécesseurs en avoient tousjours esté
saisis et possesseurs paisiblement, sans ce que le dit chevalier
ne ses prédécesseurs y eussent ou peussent avoir, réclamer
ou demander droit ou seignourie aucune par quelque voie,
condicion ou manière que ce feust ou peust estre, et en la dé-

---

[1] Cartulaire de Saint-Ouen, fo 18, vo.

ducion et poursuite d'icelui procès eust été la veue assise et
rassise par plusieurs foys sur le descort d'entreulx et après le
décès d'iceulx abbé et chevalier eust esté iceli procès repris
. . . . en iceli estat par l'abbé à présent estant en la dite
abbaye et le couvent d'iceli lieu à l'encontre de messire Jehan
de Poissy, chevalier, filz et héritier du dit feu messire Pierre
et par entreulx la dicte veue rassise par pleusieurs foys sans
avoir autrement esté procédé en la décision d'icelle cause et
depuis eussent, icelles parties, pour éviter à toute matière de
plet et procès et nourrir bonne paix entre eux; empétré et
obtenues certaines lettres du roy notre sire, comme ilz peussent du dit procès et descort paciffier et accorder ensemble et
parler hors de court sans amende et eussent icelles lettres présentés et semblablement leur dit acort à une assise passée,
requérant leffect et acomplissement d'icelles et pour icelles
lettres voir et avoir [sur ce advis et délibéracion au procureur
et conseulx du roy notre sieur, leur eust esté leur dicte requeste différée à une ou plusieurs assises depuis entrevenues,
savoir faisons que ès assises du Pont-de-l'Arche, tenus par nous
bailli dessus nommé[1], le vendredi xviie jour d'avril, l'an de grâce
1388, se représentèrent en court et en jugemeut Dam Bernard
Quesnet, bailli et actourné-procureur, suffisamment fondé
pour les diz religieux, d'une part, et le dit chevalier d'autre,
lesquielx, c'est assavoir le dit chevalier pour soy et le dit actourné-procureur pour ses diz maistres, congnurent et confessèrent
que par vertu et en usant des dictes lettres royaulz dont la
teneur ensuit : « Charles, par la grâce de Dieu, roy de Fran-
che, au bailly de Rouen ou à son lieutenant, salut. Comme
certain procès feust, jà piéça meu ou temps de feu l'abbé de
Saint-Ouen du dit lieu de Rouen derrenièrement trespassé,
entre les religieux, abbé et couvent de la dite église, d'une
part, et Pierre de Poissy, chevalier, père de notre amé Jehan
de Possy (sic), chevalier, par devant vous, d'autre part, pour
cause et à raison d'aucuns drois ou franchises que le dit feu
chevalier disoit avoir en ung port et passage estant en l'eaue

[1] Richard d'Houdetot, bailli de Rouen à cette époque.

de Saine, au port Saint-Ouen, ès poroisses de Gouy et des Aultieux, que les dis [religieux] disoient à eulx appartenir, le quel procès les diz religieux, abbé et couvent, à cause de la dicte église, et aussi le dit chevalier, ont repris et n'a en iceli procès esté procédé en décision, maiz est encore entier, excepté la veue assise et rassize par entreulx sur le dit cas, et il soit ainsi que à present les dictes parties pour bien de paix et tous frais et dommages eschever, accordèrent volentiers du dit procès, s'il nous plaisoit sur ce leur donner congié et licence si comme ilz disoient. . . . . . . nous inclinans à leur supplication . . . . . avons octroyé et octroyons. . . . . qu'il soient mis hors de tours. . . . . —Donné au dit lieu de Rouen, le vii° jour de juillet, l'an de grâce 1387.

« Ilz avoient agréablement et pour demourer hors de procès les uns vers les autres et nourrir entreulx concorde, paciffié et accordé . . . . en la forme . . . . . de la quelle la teneur ensuit :

« Les diz religieux acheteront et vendront en bonne et suffisante asiète, au dit chevalier, quatre livres tournois de rente annuelle et perpétuelle, en sa terre et fieu qu'il a à Goui, ou paeiront pour une foys le prix et valleur que icelles quatre livres de rente peult valloir au prix le roy, à un ou plusieurs personnes, où il les trouvera à acheter en son dit fieu ; et partant le dit chevalier pour lui et pour ses hers y puisse jamais fère port ou passage, réclamer aucun droit. »

Jean III de Poissy vivait encore en 1399 ; il avait épousé Elisabeth de Trie. Il faisait à cette époque concession à Jean de Montaigu d'une maison et dépendances, située à Goui ; il y parle presque en souverain ; mais il ne vécut pas longtemps après cette donation [1] :

1399, 18 *Octobre*. — « A tous ceulz qui ces lettres verront ou

---

[1] Archives de Belbeuf, Goui, liasse 26, n° 7.

orront, Jehan de Poissy, chevalier, seigneur de Gouy, salut.

« Savoir fais à tous que j'ay baillié et donné à tousjours mès
. . . . à Jehan de Monteingny le jeune, demourant à présent avec moy, pour les bons et agréables services qu'il m'a fais ou temps passé et que je ay espérance qu'il me face pour le temps [avenir], ce qui sensuit : c'est assavoir, une masure avec les gardins et terrez appartenans à icelle, laquelle másure, gardins et terre j'avoye nagaires eue par eschange de Martin Coten et de sa femme, à cause d'elle, fille de feu Guillebert le Piquart, la quelle masure est tenant d'un côté aux hoirs Regnont-Alles, et d'autre costé la voie qui maine de la rue de Gouy à l'église, d'un bout au chimetière de la dite église, et d'autre bout à la dite rue ; le dit gardin d'un costé Richard Roussel et d'autre costé les dis hoirs, et d'un bout au chimetière de la dite église. La première pièce de terre jouxte moy d'un costé et d'autre aux hoirs Vatier-Regnont, et d'un bout au chemin ; l'autre pièce, au camp Guérault d'un costé et d'un bout à moy ; la tierce, d'un costé aux religieux de Saint-Ouen et d'un bout à moy et d'autre bout à la voie qui vient du bost de. . . . . . . à la rue aux Dames, pour le pris et somme de vint soulz tournoiz de rente à paier à deux termes en l'an, c'est assavoir Pasques et Saint-Michel. Premier terme de paier à Nouel prouchain venant et auxi par en paiant deux chappons chacun an au terme de Nouel, ce est pour toute rente. Item ay baillé au dit Jehan une pièce de terre contenant vint acre, la quelle fu Guillaume des Haiez d'un costé, Jacques Regnont, Guiffroy le Vaillant d'un bout, et d'autre bout à moy, pour le pris et somme de six soulz de rente rendus chacun an au terme Saint-Michel. Lez quelles choses dessus ditez je lui promet garantir et délivrer envers tous et contre toux se mestier est, par en paiant lez dites rentes aux termes dessus dis.

« En tesmoin de ce j'ay scellé ceste lettre de mon propre seel, faitte le xviiie jour d'octobre l'an mil ccciiiixx dix-neuf. »— (Scellé.)

Pierre de Poissy III, son fils, rendit aveu au roi de ses fiefs et seigneuries le 14 mars 1401 [1] :

« Du roy nostre sire, je, Pierre de Poissy, chevalier, advoue à tenir par hommage un fief de haubert nommé et appellé le fief de la Penneterye, dont le chief est assis en la paroisse de Gouy et s'estend en icelle parroisse, en la parroisse du Becquet, au port Saint-Ouen, à Tourville, Soteville, près du Pont-de-l'Arche, Soteville, près Rouen, à Rouen, à Varengeville, Saint-Jean-du-Cardonnay, à Romare, à Barentin et illec environ, au quel fief et à cause d'icelluy, j'ai court et usage, justice et jurisdiction à basse-justice, telle comme il appert à avoir à plain-fief de haubert, selon raison et la coustume du pays de Normandie ; sy ay en icelluy fief, manoir, jardins, terres labourables, bois à tiers et dangier du roy nostre sire, prez, moulin à ban, rivière, pescherye, rentes en deniers de grains, d'oyseaux, de œufz. A cause du quel fief, je doy servir le roy, nostre dit seigneur, toutes fois qu'il est en la ville ou chastel de Rouen, en office de pennetier, pour toutes choses et pour raison et à cause de ce que je prens certains droits chacun jour à la court de nostre dit seigneur quand il est au dit lieu de Rouen, avec certaines franchises et libertez que j'ay à cause de mon dit fief, tant en la ville de Rouen que ailleurs, si comme je le porte par previleiges confermés du roy nostre sire ; à cause du quel fief, maistre Robert de Croismare tient de moy un demy-fief de haubert, dont le chef est assis à Sainct-Jean-de-Cardonnay et s'estend en icelle paroisse, en la paroisse de Romare et Barentin et illec environ ; du quel fief il a court et usage, justice et jurisdiction comme à basse-justice apartient ; et me doit d'icelluy fief, hommage, reliefs, faisances et aydes coustumières, telles comme de demy-fief de haubert peut et doibt apartenir, selon raison et la coustume du pays de Normendye, toutes fois et quante fois que le cas eschiet.

« Item je advoue à tenir du roy, nostre dit seigneur, un quart

---

[1] Titres de la seigneurie de Belbeuf, liasse 1re, n° 4.

de fief de haubert, dont le chief est assis en la paroisse de Bos-Quérart et s'estend en icelle paroisse, en la parroisse de Monville et illec environ ; au quel fief et à cause d'icelluy, j'ay justice et jurisdiction telle comme à basse-justice peult et doibt apartenir selon raison et la coustume du pays de Normendye. Du quel fief, j'ai certain nombre de terres labourables, bois tenus à tiers et danger du roy nostre dit seigneur, rente de deniers, de grains, d'oyseaux et d'œufs ; et doy d'icelluy quart de fief, quatre journées par chacun an à ayder *à garder la porte du chastel de Cailly en temps de guerre*, avec reliefs et aydes telles quelles, comme il peult et doibt apartenir du dit quart de fief noble, selon raison et la coustume du dit pays de Normendye, toutes fois que ils eschecnt.

« Item, je advoue à tenir du roy nostre dit seigneur, par hommage, à cause de la conté d'Evreux, un plain-fief de haubert, nommé et appellé le fief de Huest, du quel le chief est assis en la ville et parroisse de Huest et s'estend en icelle paroisse, en la paroisse de Gravengny, d'Estanbost, d'Evreux et illec environ ; à cause du quel j'ai justice et jurisdiction, cour, usage et basse-justice, telle comme il apartient à plain-fief de haubert, selon raison et la coustume du dit pays de Normendye ; et au quel fief j'ay manoir, jardins, terres labourables, moulin à ban, certains bois tenus à tiers et danger du roy nostre dit seigneur ; et sy ay certaines rentes de deniers, de grains, d'œufs et de oyseaux. A cause du quel fief *je doy ayder à garder par quarante jours la porte painte du bourg d'Evreux en temps de guerre*, etc.

« Collationné sur l'original du dit adveu, en vertu du décret de la Chambre, par moy, conseiller du roy et auditeur de ses comptes, le III septembre 1654. — *Signé* GODET. »

Pierre de Poissy III obtint, en 1402, la confirmation des droits d'usage attachés au fief de la grande paneterie dans les forêts de Rouverai et de Roumarre, et le droit de franc-bateau pour pêcher dans la rivière de Seine.

Il convient de remarquer les qualités prises par le comte de Tancarville dans cette charte : *il est grand bouteiller de France;* cette haute fonction à la cour du roi semblerait devoir l'emporter sur toutes les autres ; il n'y a plus de duc de Normandie, et cependant ce comte prend d'abord les titres de *connestable et de chambellan hérédital de Normandie.*

On peut conjecturer que le comte de Tancarville représentait, dans cette circonstance, le roi comme duc de Normandie, puisqu'il s'agissait de confirmer des priviléges accordés par les anciens ducs de cette province, et que, dans tous les cas, les titres de ce comte étant attachés héréditairement à des terres et à des fiefs nobles, devaient passer avant le titre de grand bouteiller de France, qui n'était qu'un office [1] :

« Guillaume, comte de Tancarville, vicomte de Meleun, *connestable et chambellan hérédital de Normandie,* grant bouteiller de France, conseiller du roy, souverain maistre et général refformateur des Eaues et Forestz de tout son royaume, aus verdiers des forestz de Rouveray et de Roumare qui à présent sont et qui pour le temps à venir seront ou à leurs lieutenans et autres à qui il appartiendra, salut.

« Nous avons veu et visité les lettres de délivrance que messire Jehan de Garenchières, chevalier, maistre et enquesteur des Eaues et Forestz du roy en Normendie et Picardie, commissaire en ceste partie de par le roy et de par nous assigné à messire Pierres de Poissi, seigneur de Gouy, chevalier, des droiz, franchises, libertez, coustumes et usages qu'il a ès

---

[1] Archives de Belbeuf, Goui, liasse 2, n° 4.

dictes forestz et *en l'eaue de Saine* contenus et déclairés à plain ès dictes lettres de délivrance, lesquelles sont attachés à ces présentes soubz notre signet,

« Si vous mandons que le dit chevalier et ses successeurs et ayans cause vous faictes, souffrez et lessez doresenavant jouir et user plainement et paisiblement des choses dessus dictes, selon la forme et teneur d'icelles lettres, non obstant qu'il n'ait apporté ou envoyé les dictes lettres par devers nous dedens le temps qui par icelles lui estoit ordonné.

« Donné à Rouen le xxiij^e jour d'octobre, l'an mil cccc et deux.

« Reservé la sye et le bois d'entrée qui généraulment sont deffendus à tous par les ordonnances.—Donné comme dessus. *Signé* MONTAGU. »

On a vu précédemment que la famille de Poissy avait hérité de Laurent Chambellan ; que ce dernier avait, en 1256, signé un accord avec le maire et les pairs de la ville de Rouen, relativement à ses droits de police sur les boulangers de cette ville, moyennant vingt livres de rente.

Une terrible insurrection des classes inférieures, que l'histoire a nommée La Harel, éclata à la fin du quatorzième siècle ; elle fut à Rouen d'une violence extrême.

Le roi, indigné, abolit la commune rouennaise et plaça dans ses mains toute l'autorité municipale.

Le vicomte de Rouen, officier royal, fut investi des pouvoirs exercés auparavant par le maire et les pairs de la ville ; il fut chargé d'acquitter tous les engagements et toutes les obligations contractées précédemment par la cité.

Les grands panetiers de Normandie furent d'abord exactement payés de la rente de vingt livres, prix de la cession faite par Laurent Chambellan d'une partie des priviléges de sa charge ; mais le vicomte de Rouen ayant cessé de remplir cette obligation, Pierre de Poissy se vit forcé, en 1407, de s'adresser au roi de France pour obtenir justice.

Nous publions les actes qui intervinrent à cette occasion [1] :

« A tous ceulx qui ces présentes lettres verront ou orront, Jehan Davi, seigneur de Saint-Père, cheualier, conseiller du roy nostre sire et son bailli de Rouen, salut. Savoir faisons nous avoir veu quatre pièces d'escriptures atachées ensemble soubz l'un des signés de noz seigneurs de la Chambre des comptes et trésorier du roy nostre sire, à Paris, desquelles la teneur ensuit ; et premièrement la teneur d'un mandement du roy, nostre dit seigneur : « Charles, par la grâce de Dieu roy de France, à nos amez et féaulx gens de noz comptes à Paris, salut et dilection. Notre amé et féal chevalier et chambellan Pierre de Poissy, seigneur de Goy, nous a fait exposer que comme à cause de sa dicte terre de Goy, assise en la vicouté de Rouen, il soit notre pannetier à héritage, pour nous servir ou dit office, nous estant dans la ville de Rouen, et entre les autres droiz appartenans à la noblesse de son dit office eust et à son dit office appartenist la justice, garde, forfaiture, les poiz du pain et les amendes des boulengiers et autres vendans pain en la cité de Rouen et dedens la banlieue d'icelle et autres choses appartenant à ce que dit est ; et ainsi fut-il maintenu en l'an mil deux cens LVI, ou mois d'aoust, par deuant feu monsr saint Loys, notre prédécesseur, pour feu Laurens Chambellan, son pannetier, ou dit lieu, prédécesseur du dit exposant à l'encontre des mayeur et citoyens de la dite ville de Rouen débatans au contraire ; ou quel débat fu tant pro-

---

[1] Pièces tirées des archives municipales de Rouen.

cédé que le dit feu Laurens delaissa les choses dessus dites ausdiz maieur et citoyens parmy lui, faisant vint livres tournois chacun an, à les lui payer moitié à la feste de saint Michel et moitié à la feste de Pasques, jusques à ce que par eulx assiéte en feust faite au dit panetier et à ses hoirs en certaine manière et en bon et convenable lieu ; et parmy ce que au dit Laurens et à ses hoirs seroient saufs tous les autres drois, tenemens, rentes et libertez et seigneuries appartenans à la dite paneterie et par ainsi que les dites vint livres de rente seroient tenues de noz prédécesseurs et de leurs successeurs comme les autres droiz de la dite panneterie, comme ce et autres choses sont à plain contenues ès lettres du dit feu mons^r saint Loys, scellées en las de soye et cire vert, sur ce faites, par lesquelles il ot agréable et conferma, à la requeste des dites parties, les choses dessus dites, desquelles vint liures aucune assiéte n'a esté faite par lesdiz maieur et citoyens, mais par longues années en ont payé les prédécesseurs du dit exposant et jusques à ce que nous avons prins en nostre main la mairie de la dite ville, à laquelle sont annexez la justice, garde, forfaitures, les poix du pain et amendes dessus dites ainsi délaissées parmy la dite somme de xx livres, comme dit est ; et depuis que ladite marie (*sic*) a esté ainsi prinse en nostre main, qui encores y est, vous en avez, par aucunes années, fait paier le père dudit exposant, mais depuis lonc temps icellui exposant n'en a peu avoir aucune chose, et s'en sont excusez les vicontes de Rouen, qui ont esté, en disant que la revenue des dites choses, ainssi delaissiez par les prédécesseurs du dit exposant aux diz maire et citoyens, comme dit est, n'est mie en nostre main de si grant revenue comme les dites vint liures, laquelle chose ne doit mie estre imputée au dit exposant ; mais par bonne raison, puisque nous tenons la dite mairie, nous sommes tenus de lui paier les dites vint liures comme feissent les dis maire et citoiens s'ilz tenissent encores la dite mairie, et pour ce nous a humblement supplié que, sur ce, lui veullons pourvoir de remèdes convenables ; pour ce est-il que nous, voulans rendre raison et justice de nous mesmes à un chacun comme faire le devons, ces choses

considérées, vous mandons, commandons et estroitement en-
joingnons par ces présentes que de tout ce qui audit exposant
vous apparra estre deu pour le temps passé, à cause des dites
vint liures de rente, depuis que la dite mairie est venue en
nostre main, vous le faictes paier par le viconte du dit lieu de
Rouen ; et semblablement de ce qui deu lui en sera dores-
enauant tant que la dite mairie sera en nostre main non obstant
que les dites choses pour ce délaissées par les prédécesseurs
du dit exposant ne soient, par aventure, d'aussi grant valeur
comme vint liures de rente ; ou se vous trouvez que mieulx
soit nostre prouffit de délaissier les choses dessus dites par
ses prédécesseurs, délaissieez comme dit est, que de lui paier
les dites vint liures tournois par an, si les lui faictes par le dit
viconte rendre et délaissier, lesquelles nous voulons en ce cas
lui estre rendues à les tenir de nous comme appartenant aux
droiz de la dite paneterie, ainsi que par avant le dit délaisse-
ment, en le faisant en ce cas avecques la dite restitucion paier
desdiz arrérages deux du temps passé, tant que ladite mairie
a esté en nostre main comme dit est. Et par rapportant ces
présentes et recongnoissance dudit exposant sur ce, nous voulons tout ce qui, à la cause dessus dite, lui aura esté payé estre
par vous aloué ès comptes et rabatu de la recepte dudit viconte
sans difficultés quelconques. Ce faictes si dilligemment et en
telle manière que par vous n'y ait deffaut aucun et que le dit
exposant en doye estre content.

« Par raison, et ou cas que de ce faire vous seriez reffusans
ou délayans plus que de raison, nous mandons, commandons,
par ces meismes présentes, à noz amez et féaulx conseillers les
gens tenans nostre parlement à Paris, qui appellez auecques
eulx les aucuns de vous telz et en tel nombre comme bon leur
semblera ilz vacquent en la dite besoigne et en ordonnent ainsi
qu'ilz verront que a faire sera selon raison et bonne équité.

« Donné à Paris le xiiie jour de may, l'an de grâce mil cccc et
sept, et de nostre règne le xxviie, ainsi signé par le roy, le
conte de Mortaing, le sire de Préaux, l'évesque d'Aucerre,
maistre Jehan de Boissay, messire Charles de Savoisy et autres
présens. LE BEGUE.

« Item, la teneur d'unes lettres données de Jehan Cavel, viconte de l'Eaue de Rouen. A tous ceulx qui ces lettres verront, Jehan Cavel, viconte de l'Eaue de Rouen, salut. Savoir faisons que l'an de grâce mil IIII^c et I, le XXIe jour de janvier, veismes unes lettres de feu de bonne mémoire le roy Loys, dont Dieu ait l'âme, séellées en las de soye et cire vert, saines et entières en seel et en escripture, contenant la fourme qui ensuit : Ludouicus, Dei gracia Francorum, rex, etc. » (V. p. 20.)

« ..... En tesmoing de ce, nous avons scellé ces présentes du séel de la dicte viconté, l'an et jour premier dessus diz, ainsi signé, collacion faicte : J. MARETE. »

« Item, la teneur d'une requeste escripte en pappier faicte à nos seigneurs des Comptes : « A nos seigneurs des Comptes supplient humblement Pierre de Poissy, seigneur de Goy, panetier suivant le roy, duc de Normendie, à cause de son héritage que comme au droit de la dicte paneterie appartenist à ses prédécesseurs la congnoissance des poiz du pain vendu en la ville et banlieue de Rouen, et la juridiction, correction et punission des bolengiers faisans pain ès termes dessus diz et le proffit des amendes qui en venoient, et pour aucun descort qui en fu entre les prédécesseurs du dit suppliant et les maire, bourgois et habitans de Rouen, au vivant du roy saint Loys, par l'ordonnance duquel la dicte juridiction et congnoissance et les dictes amendes demourèrent aux dis maire, bourgeois et habitans de la dicte ville, parmi ce quilz promistrent asseoir et paier aux prédécesseurs du dit suppliant xx l. tournois de rente perpetuel, lesquelles sont tenues du roy par le dit suppliant en foy et hommage comme les autres choses qu'il tient à cause de la dicte paneterie; laquelle rente les diz maieur et bourgois ont paié jusques à ce qu'il a pleu au roy prendre en sa main la dicte mairie, juridiction, congnoissance et amende du dit poiz du pain et des diz bolengiers et depuis, par aucunes années, en a este paié le père du dit suppliant par le viconte de Rouen qui lors estoit et en a convenu faire au père du dit suppliant et à lui meisme plusieurs impétracions et poursieutes à grands fraiz et despens, mais ce, non obstant, il n'en peut estre paié par le refus des vicontes qui ont maintenu et maintiennent que la dicte juridiction et amendes ne sont mie de si grant valeur comme les dictes xx l. tournois, la quelle chose n'est mie par la coulpe du dit suppliant et peut estre que l'on n'en a pas fait si grand diligence comme eust fait et ferait le dit suppliant se elle estoit en sa main ; et si est avenu aucunes fois que quant le bailli et le viconte ont trouvé faulte ou poiz du pain ilz l'ont confisqué *et après aumosné pour Dieu*, et s'il eust esté vendu le dit suppliant en eust peu estre paié, aussi ne lui doit ce estre imputé, car se les diz explois et amendes valent moins une année, elles pourront plus valoir en l'autre année.

« Et pour avoir sur ce la provision du roy a obtenu ses lettres adréçant à vous, au vidimus desquelles et de la chartre du dit roy saint Loys faicte sur ce que dit est, ceste présente supplication est atachée, il vous plaise veoir les dictes lettres et icelles acomplir et enteriner selon ce que le roy le mande, affin qu'il ne soit plus traveillé d'en faire poursuite mais soit paié, comme de raison est, des dictes vint livres de rente doresnavant et des arrérages qui en sont deux, ou se mieulx vous plaist faictes paier le dit suppliant des diz arrérages et lui rendés la dicte congnoissance et juridiction comme il l'avoit par avant, et il quittera le roy et la dicte mairie des dictes xx l.; et si peut bien estre paié des dictes xx l., car le roy à cause de la dicte mairie, qui est obligé du dit suppliant pour les dictes vint livres, tient les moulins de Rouen qui sont baillez à ferme de ne livres, ou enuiron, par chacun an, et si en sera par ainsi la conscience du roy et la vostre deschargée, car, comme vous savez, ce n'est pas raison que le dit suppliant perde son héritage.»

« . . . . . En tesmoing de [ce] nous avons scellé ces présentes du grand seel aux causes du dit baillage, le jour de l'an mil cccc et sept. »

Comment cette difficulté fut-elle terminée ? Nous l'ignorons entièrement. Le Parlement de Paris, qui avait été chargé par le roi de trancher toutes les difficultés, fut-il appelé plus tard à se prononcer ?

Ce qui est certain, c'est qu'il ne sera plus question à l'avenir de cette rente de vingt livres.

Une charte de 1413 nous paraît ne concerner que les officiers de la couronne de France, puisqu'elle s'applique non-seulement à la ville de Rouen, mais encore à toute la province de Normandie ; nous la croyons entièrement étrangère aux grands panetiers de Normandie. Cependant nous en publions un extrait, pour que l'on puisse apprécier nos motifs [1] :

« Item, ung vidimus de Michel Durant, viconte de Rouen, d'unes lectres du roy Charles, donnez à Paris le xxe jour de décembre l'an mil quatre cens et traize, adressantes aux bailly et viconte de Rouen, *de Caux*, *Caen et Carentan* et à leurs lieutenans, comme ledit seigneur leur commanda que pour laduenir ilz n'eussent à permettre au grant boutiller de France, pennetier et cordonnyer du dit seigneur, qu'ilz prinssent sur les subgets du dit seigneur, c'est assauoir le boutiller cinq solz tournois sur chacun tauernier, le pennetier cinq solz sur chacun boullenger et ledit cordonnyer troys ou quatre solz des autres cordonnyers ; et affin que aucun n'en prétendist cause d'ignorance, qu'ilz eussent à faire publier lesdites lectres et qu'ilz eussent à informer de ceux qui avoient faict telles exactions ; et les dites informacions faictes et ceux qui par icelles ilz trouueront chargez, les adjourner à comparoir en personne en la cour de Parlement, etc. »

Pierre de Poissy III faisait valoir, en 1410, l'autorisation que lui avait accordée précédemment le comte de Tancarville, pour se faire délivrer ses droits d'usage dans la forêt de Rouvrai [2] :

[1] Archives municipales de Rouen, Reg. de *vidimus* de chartes, 1207-1578, côté U. I.

[2] Archives de Belbeuf, Goui, liasse 2, nº 11.

18 *Mars* 1410. « Jehan de Cayeu, seigneur de Vime et de Massi, et Jehan, seigneur d'Aurichard et de Plasnes, chevaliers, conseillers et commissaires en ceste partie de haut et poissant seigneur monseigneur le conte de Liney et de Saint-Pol, grant boutiller de France, souverain maistre et général réformateur des Eaues et Forests de tout le royaume, au verdier ou garde de la forest de Rouvráy, salut.

« Comme par l'ordonnance de nostre dit seigneur le conte et par vertu de nostre commission, vous ayes empeschié les usagiers de la dicte forest de Rouvray et leur deffendiez joir et user des droiz, usagez, franchises et libertez qu'ilz se dient avoir en icelle, jusques ilz aient monstré leurs chartres, tiltres et enseignemens sur ce ;

. « Savoir vous faisons que pardevant nous et présent et appellé Rogerin de Crosmaure, substitut du procureur du roy nostre sire, en bailliage de Rouen, nous a esté monstré par messire Pierre de Poissy, chevalier, seigneur de Gouy, unes lettres de délivrance donnée de messire Jehan de Garenchières, chevalier, maistre et enquesteur des dictes Eauez et Forests ; incorporéez en icellez le *vidimus* de une chartre faisant mencion des droiz, franchises, libertez et usagez que dit avoir iceluy seigneur de Gouy en la dicte forest pour les faisances et servagez qui à cause de ce sont deues.

« As quelles lettres de délivrance est l'attache de monsieur le conte de Tancarville, naguères souverain maistre et général réformateur des dictes Eauez et Forests par tout le royaume, par lesquelles icelluy seigneur confirme et déclare au dict seigneur de Gouy ses dis drois et usaiges ; ausquelles lettres ces présentez sont attachées soubz le signet de nostre dict seigneur le conte, dont il nous a ordonné user en ceste commission, requérant icelluy seigneur de Gouy que ses dis droiz et usagez l'en lui voulsist mectre à plaine délivrance, attendu ses lettres dessus dites. Pour ce est il que information deuement faicte de vous verdiers, sergens et gens anciens, dignez de foy, par les quiex nous avons trouvé que iceluí seigneur de Gouy a droit de prendre les drois, franchises, libertez et usagez, desclairez en icellez lettres, par en faisant les servages et re-

devancez contenues en icellez et que de ce, icellui seigneur et
ceulx dont il a droit et cause ont joy bien et plainement de tel
et si longtemps que, de leur souvenir, il n'est mémoire du
contraire, sans excès ou abus.

« Nous, à icelui seigneur de Gouy, avons délivré et, par ces
présentes, délivrons ses dis drois, franchises et usaigez, par en
faisant les services déclairés ès dites lettres et chartres, les
ordonnances royaux faictes sur les dites Eaues et Forests entièrement gardeez.

« Sy vous mandons que icellui seigneur et ses successeurs,
vous laissiés joïr bien et deuement pour le temps advenir,
jouxte et selon ses dictes lettres et ainssi que acoustumé a de
joïr en temps passé ; en tout les ordonnances royaux entièrement gardéez, comme dit est ;

« Et enregistrez ceste présente délivrance devers vous avec
toutes les autres des usagiers d'icelle forest.

« Donné à Couronne, le xviii° jour de mars, l'an mil cccc et
dix. — *Signé* Tassin. »

Voici maintenant un titre de famille de la maison
de Poissy ; il n'a pas de date, mais il ne peut être
postérieur à 1415, époque de la mort de Pierre III
de Poissy[1] :

25 *Février* 14... « A tous ceulx qui ces lettres veront, comme
il soit ainssy que nous Ysabel de Trye, vefve de feu monsseigneur
gneur Johan de Poissy, jadis chevalier, et moy Pierres de
Poissy, fils du dit feu monsseigneur Johan de Poissy, *que Dieu
pardoint*, aions demouré ensemble depuis le trespassement du
dit défunt, sachent tous que nous avons acordé enssemble et
acordons par composicion, que demeure que nous avons fecte
enssemble depuis le trespassement du dit défunt et façons en
temps advenir, ne nous face aucun préjudisse, en telle manière
que nous puissions avoir ne demander l'un à l'autre aucun
droit de communité ; et que toutefoiz que il nous plaira, ou a

[1] Archives de Belbeuf, Goui, liasse 5, n° 26.

aucun de nous, que nous n'aions telle part et porcion, ès biens du dit défunt, comme avoir devions au jour du trespassement du dit defunt. Les quelles choses et chascune d'icelles nous promettons. . . . . avoir ferme et agréable en temps advenir.

« En tesmoing de ce nous avons scellé [ces présentes de noz] seaulx.

« Ce fu fait le samedi xxve jour de février, l'an de grâce mil cccc et. . . . .[1] »

Pierre de Poissy III prit alliance dans l'illustre maison de Châtillon, il épousa Jeanne de Châtillon.

Jusqu'à présent les seigneurs de Goui, les grands panetiers de Normandie, se sont empressés d'exercer leurs fonctions paisibles à la cour des rois et des princes. Messieurs de Poissy ne sortent pas de leur terre; on ne les voit pas figurer dans les prélatures ni dans les hauts grades militaires; les nombreux aveux des vassaux de la seigneurie de Goui, déposés dans nos archives, ne leur donnent que le titre d'écuyer ou de chevalier.

Pierre de Poissy III abandonne les habitudes casanières de sa famille; la France est en danger, il se rend à l'armée; il est présent à la funeste journée d'Azincourt, si fatale à la noblesse française; il y succombe, laissant un fils que sa minorité fait tomber dans la garde-noble du roi.

Le lecteur, étranger aux maximes anciennes sur la garde-noble, ne sera pas fâché de connaître les règles alors en usage, si contraires aujourd'hui à nos mœurs et à nos lois.

---

[1] Le reste de la date manque.

L'art. 215 de la coutume de Normandie portait :

« La garde royale est, quand elle choit pour raison
« de fief noble, tenu nuement et immédiatement de
« lui et a le roi, par privilège spécial, que non-seu-
« lement il fait les fruits siens des fiefs nobles im-
« médiatement tenus de lui et pour raison desquels
« on tombe en sa garde ; mais aussi il a la garde
« et fait les fruits siens de tous les autres fiefs no-
« bles, rotures, rentes et revenus tenus d'autres
« seigneurs que lui, médiatement ou immédiate-
« ment, à la charge toutefois de tenir un état des
« édifices, manoirs, bois, prés, jardins, étangs et
« pescheries, payer les arrérages des rentes seigneu-
« riales, foncières et hypothèques qui échoient pen-
« dant la garde *et de nourrir et entretenir bien et*
« *duement les enfans*, selon leur qualité, faculté et
« famille; et sont, ceux aux quels le roi fait don des
« dites gardes, sujets aux dites charges et d'en
« rendre compte au profit des mineurs. »

Quoique les fiefs fussent devenus héréditaires,
nos rois conservèrent toujours des droits très-éten-
dus sur les seigneuries relevant nuement de leur
couronne.

La bourgeoisie des villes murées suffisait à peine
à la deffense de ses remparts et de ses libertés com-
munales. Peu nombreuse alors, elle ne pensait pas
à se réunir à la noblesse militaire et chevaleresque ;
les campagnes étaient courbées sous le joug de la
féodalité et soumises à la domination absolue des

seigneurs. Il est impossible de comparer les temps anciens avec les temps modernes, où l'on a vu sortir des rangs de la bourgeoisie et des enfants de nos cultivateurs, des héros et d'illustres maréchaux.

Les rois étaient forcés de veiller à l'éducation des enfants des gentilshommes, seule ressource de l'État pour deffendre, contre les étrangers, la patrie menacée et combattre des ennemis puissants dans l'intérieur du royaume ; il n'y avait pas alors d'armée régulière et permanente. Il était indispensable de donner à la jeune noblesse, appelée nécessairement à la guerre, une éducation forte et militaire, capable de conduire et de faire partie du ban et de l'arrière-ban.

Les souverains s'en rapportaient à l'esprit guerrier qui régnait alors parmi la noblesse, à la tendresse et au dévouement du père de famille tant qu'il vivait, mais après sa mort ils prenaient les enfants mineurs sous leur garde et veillaient à leur éducation.

Jacques de Poissy Ier, fils mineur de Pierre III, tué si malheureusement à la bataille d'Azincourt, devenu majeur peu de temps après la mort de son père, demanda à être relevé de la garde-noble ; il avait vingt et un ans ; la garde-noble cessait à cet âge, d'après la coutume de Normandie.

Pierre III de Poissy, son père, avait rendu, le 14 mars 1401, aveu du fief de Huest, situé à la porte d'Evreux. Ce fut à raison de ce fief que Jacques Ier de Poissy, son fils, se présenta devant le vicomte d'Evreux. Voici l'acte curieux qui intervint alors. Nous ne voulons pas en priver nos lecteurs, quoiqu'il soit très-étendu, afin qu'ils puissent apprécier comment les choses se passaient dans ces occasions[1] :

24 *Avril* 1417. « A tous ceulx qui ces présentes lettres verront, Jacques Pougnant, vicomte d'Evreux, commissaire en ceste partie de nosseigneurs des comptes et trésoriers du roy nostre sire à Paris, salut.

« Savoir faisons que le xxvii° jour du mois de mars, l'an de grâce quatre cens seize, avant Pasques, par Guillaume Lormier, procureur de noble homme Jacques de Poissy, escuier, seigneur de Gouy et d'Uest, comme par procuration souffisante nous a paru, nous ont estés présentés les lettres de nos diz seigneurs des comptes et trésoriers, atachés soubz l'un de leurs signez à une information naguaires par nous faicte, appellé le procureur du roy notre dit seigneur, ou bailliage d'Evreux, par vertu du mandement de nos dis seigneurs des comptes et trésoriers sur les singulières parties, vallour et revenue des fiefs, terres, héritages et possessions que tenoit et possédoit au jour de son tréspas deffunt noble homme, messire Pierre de Poissy, en son vivant chevalier et seigneur d'Uest, en ceste viconté, venues et eschues en la garde du roy notre seigneur, pour la minorité du dit Jacques de Poissy, escuier, filz et hoir du dit deffunct chevalier, le quel l'en dit estre allé *de vie à trespassement*, ou service du roy notre dit seigneur *à la journée de la bataille* qui derrainement fu faicte ou pays de Picardie, contre les Englois, le xxv° jour d'octobre, l'an mil quatre cens xv; avec le transcript des lectres du roy nostre sire, soubz le seel de la prévosté de Paris, collationné et expédié en la dicte Chambre des comptes, faisans mencion comme le dit Jacques de Poissy, escuier, a fait foy et hommage au roy nostre dit seigneur, du

---

[1] Archives de Belbeuf, Goui, liasse 1ʳᵉ, n° 3.

dit fief d'Uest, et des autres terres qu'il tenoit de lui ; et a respit et souffrance du dit seigneur d'en baillier le dénombrement
par escript, jusqu'à un an, à compter du dabte des dites lettres
royaulx, comme par ycelles peult apparoir. Des quelles lectres de nos dis seigneurs des comptes et trésoriers, du transcript des dictes lectres royaulx et expédicion sur ce, les teneurs ensuivent. Et premièrement, ensuit la teneur des lectres
de nos dis seigneurs des comptes et trésoriers attachés à la dite
informacion.

« Les gens des comptes et trésoriers du roy nostre sire à Paris,
au viconte d'Evreux ou à son lieutenant, salut.

« Après ce que nous avons veu certaine information, naguaires par vertu de noz autres lectres par vous faicte, présent et
appellé à ce Raoul Deshayes, procureur du roy nostre dit seigneur ou bailliage d'Evreux, de et sur la valleur, singulières
parties et revenues des fiefz, terres, héritages et possessions
que tenoit et possédoit, au jour de son trespassement, feu messire Pierre de Poissy, en son vivant, chevalier et seigneur de
Gouy et d'Uest, assis en vostre viconté, venues et escheues en
la garde du roy nostre dit seigneur, pour le soubzaage de Jacques de Poissy, escuier, et autres enffans du dit deffunct ; et
aussy des charges dont les diz héritages et possessions estoient
et sont chargés. La quelle information nous vous renvoyons
close et sellée et cy attachée, soubz l'un de noz signez ; et que
nous avons veue semblablement une information faicte et depuis récollée par le viconte de Rouen, sur les singulières parties, vallour et revenue des fiefz, terres, héritages et possessions que le dit deffunct tenoit et possidoit, en son vivant, ès
vicontés de Rouen et du Pont-de-l'Arche, et aussy sur l'aage
du dit escuier ; par laquelle information et récollement nous
est apparu ycellui escuier estre souffisemment aagié selon la
coustume du pays de Normendie, pour estre mis hors de la
dicte garde et avoir le gouvernement de soy, de ses terres et
possessions.

« Nous avons ordonné et appointié, ordonnons et appointons,
par ces présentes, que pour tout le droit de garde appartenant
au roy nostre dit seigneur, à cause des héritages appartenans

à ycelle, assis en vostre viconté, et dont mencion est faicte en l'information par vous faicte et cy-attachée, comme dit est. Le roy nostre dict seigneur aura et lui sera paié chascun an, à ratte du temps et porcion de jours, deduit-et rabatu toutes charges quelxconque, la somme de trente-huit livres dix-huit soulz tournois, à compter du jour que la dicte garde eschey en la main du dit seigneur. Si vous mandons que en vous payant par le dit escuier la dicte somme de trente-huit livres dix-huit soulz tournois par an, pour la cause dessus dicte, vous, au dit escuier, délivrés la dicte garde et le faictez, souffrez et laissiez joïr et user des héritages et possessions appartenans à ycelle, sans lui mectre ou donner, ne souffrir estre mis ou donné aucun empeschement au contraire, pourveu toutes voies, qu'il vous appare que le dit escuier en ayt fait, au roy nostre dit seigneur, les foy et hommage que tenus lui en est de faire, baillé son dénombrement et fait et poié tous les autres drois et devoirs pour ce deubz au dit seigneur ; en faisant de tout ce mencion deue en vostre prouchain compte, ouquel vous rendez au dit seigneur jusques à présent ce que receu en aurés et y rapportés ces présentes, la dicte informacion et recongnoissance souffisante du dit escuier sur le fait de la délivrance de la dicte garde. — Doné à Paris le xiiie jour de mars l'an mil ccccxvi ; et estoient ainsi signés : Thierry.

« Item, ensuit les teneurs du dit transcript des dictes lettres royaulx et expédition sur ce de nos dis seigneurs des Comptes et trésoriers :

« A tous ceulx qui ces lectres verront, Tangy Duchastel, chevalier, conseiller, chambellan du roy nostre sire et garde de la prévosté de Paris, salut. Savoir faisons que nous, l'an mil ccccxvi, le mardi xiiie jour du moys d'octobre, veismes les lectres du roy nostre sire, scellés en cire jaune, de son grant seel, contenant ceste fourme :

« Charles, par la grâce de Dieu, roy de France, à noz amez et féaulx gens de nos Comptes et trésoriers à Paris, aux bailliz et vicontez de Rouen, d'Evreux et de Gisors, ou à leurs lieutenans, salut et dillection ; pour ce que naguaires le fief de la Pennetiére, assis en la paroisse de Gouy et illec environ, ès

bailliage et vicontés de Rouen et du Pont-de-l'Arche, le fief
d'Uest, assis ou bailliage et viconté d'Evreux et de Gisors, sont
venus et escheues à nostre bien amé Jaques de Poissy, escuier,
par la mort de son père, occiz en la bataille derrenièrement
faicte en Picardie, *à l'encontre de noz anemis et adversaires d'Engleterre*; des quelx fiefz ycellui Jaques, nous a aujourd'uy fait
les foy et hommages; et des quelx il nous est tenu bailler les
dénombremens, les quelx, pour le présent, il ne nous poroit
bailler, obstant ce qu'il a encores peu de congnoissance des diz
fiefz, et qu'il a esté moult troublé et empeschié et encores est,
pour le trespassement de son dit feu père et pour certaines
autres causes et considérations à ce nous mouvans, nous lui
avons donné et octroié, donnons et octroïons, de grâce espé-
cial, par ces présentes, terme, respit et délay de bailler ses diz
dénombremens, jucques à un an, prouchain venant; si vous
mandons et estroitement enjougnons, et à chascun de vous, si
comme à lui appartiendra, que de notre dicte grâce et octroy
vous faictes et laissez joïr et user plainement et paisiblement
le dit Jaques sans lui mectre ne souffrir estre mis aucun destourbier ou empeschement en ses diz fiefs, ou en autres de ses
biens, pour cause des diz dénombremens non bailliez, en quelque manière que ce soit, le dit an durant ; mes, se aucun empeschement estoit, en ce que dit est, miz pour la cause dessus
dicte, l'en ostés ou faictes oster tantost et sans délay, pourveu
que de le dit Jaques poiera les drois et devoirs, se aucuns nous
en sont pour ce deubz et paiez ne les a.—Donné à Paris, le xII^e
jour d'octobre, l'an de grâce mil cccc et seize, et de notre règne
le xxxvII^e, ainsy signé, par le roy messire Regnault d'Angennes,
présent, J. de Chappelaines.— Et nous, à ce présent transcript
avons mis le seel de la dite prévosté de Paris, l'an et mardi
dessusdicts, ainsi signé, J. Béguinot ; et au dos du dit transcript
est escript, de la main de la Chambre, ce qui ensuit : «Collatio
« presentis transcripti cum originali, dacto et signato prout
« in albo, facta fuit in Camera Compotorum domini nostri re-
« gis, Parisius, de precepto et ordinatione dominorum, xviadie
« mensis octobri millesimo quadringintesimo xvi°, per me Pe-
« trum de Mauregart. »

« Item, ensuit la teneur de l'expédition du dit transcript :

« Les gens des Comptes et Trésoriers du roy notre sire à Paris, aux bailliz et vicontes de Rouen, du Pont-de-l'Arche, d'Evreux et de Gisors, ou à leurs lieuxtenans, salut. Par vertu des lettres royaulx au transcript desquelles, collationné en la Chambre des diz Comptes, ces présentes sont attachées soubz l'un de nos signez, nous vous mandons et à chacun de vous, si comme à lui appartiendra, que des termes, respit et souffrance octroiés par le roy notre dit seigneur à Jaques de Poissy, escuier, de bailler son adveu ou dénombrement par escript, jucques à un an prouchain venant, à compter du dabte des dictes lectres royaulx, du fief de la Penneterie, assis en la paroisse de Gouy et illec environ, ès bailliage et vicontés de Rouen et du Pont-de-l'Arche et du fief d'Uest, assiz ès bailliage et vicontés d'Evreux et de Gisors, qu'il tient du roy notre dit seigneur, et dont le dit escuier a fait foy et hommage au roy, notre dit seigneur, comme certifié est de la main de la Chambre des diz Comptes, au dos du dit transcript, vous souffrez et laissez le dit escuier, joïr et user plainement et paisiblement, sans lui mectre ou donner, ne souffrir estre mis ou donné, ès choses dessusdictes, aucun destourbier ou empeschement pour deffault du dit adveu ou dénombrement non baillié, le dit terme durant, pour les causes et en la forme et manière que le roy notre dit seigneur le veult et mande par ses dictes lectres, pourveu, toutes voies, que premièrement et avant toute œuvre ycellui escuier face ou paie à vous viconte, tous les autres drois et devoirs, se aucuns en sont pour ce deubz au roy notre dit seigneur, et qu'il n'y ait autre cause raisonnable d'empeschement, pour cause de garde, de minorité ou autrement, laquelle, ou cas qu'elle y seroit, nous réservés à fin deue. — Donné à Paris le xvi⁰ jour d'octobre l'an mil cccc et seize, ainsi [signé] : P. DE MAUREGART.

« Par vertu des quelles lectres dessus transcriptes et pour ycelles acomplir, après ce qu'ilz ont esté veues et visités par les Conseil et procureur du roy, moyennant certaines sactisfactions à nous faictes, jouxte ce qu'il est porté par lettres, nous avons délivré au dit escuier la dicte garde, entant qu'il y a des diz héritages escheues à ycelle, assis en ceste viconté et lui avons donné congié d'en joïr et exploictier, comme personne souffisamment aagée, selon la fourme et teneur des dictes lectres, sauf le droit du roy notre dit seigneur.

« Si donnons en mandement par la teneur de ces présentes, à tous les sergens ou sous-sergens de la dicte viconté et à chascun d'eulx à qui il appartiendra, que de notre présente délivrance, ilz seuffrent et laissent joïr le dit escuier, ses gens et officiers, paisiblement, sans lui mectre aucun empeschement.

« En tesmoing de ce, ces lectres sont scellés du grant scel aux causes de la dicte viconté d'Evreux, le XIVᵉ jour d'avril de l'an mil cccc et dix sept, après Pasques. — Collation faicte. — *Signé* PHILIPPE. »

Jacques de Poissy Iᵉʳ rendit, en 1419, aveu de son fief de la grande paneterie. Ce n'est plus à la Chambre des Comptes de Paris, comme par le passé, que cet aveu est rendu, mais devant le bailly de Rouen ; en voici la raison. Henri V, roi d'Angleterre, s'était emparé de la Normandie ; le fidèle Alain Blanchard avait péri sur l'échafaud ; Henri V voulait reconstituer un duché de Normandie ; on voit le but de ce prince se manifester dans la capitulàtion faite en 1418 avec les bourgeois de Rouen. Nous y lisons :

« Item, a été accordé de la part de notre dit sei-
« gneur que tous les bourgeois de la dite ville qui y
« sont maintenant, ou qui y seront pour l'avenir,
« jouiront tous et un chacun des libertés, franchises
« et privilèges qui leur ont été autrefois donnés par
« *les ayeux* de notre dit roy, *ducs de Normandie* et
« roys d'Angleterre, à commencer le même jour
« que notre dit seigneur roy est venu devant la dite

« ville, et de plus il a accordé qu'ils jouiroient des
« mêmes privilèges qui leurs ont été accordés par
« les roys de France, qui devant le reigne de Phi-
« lippes de Valois ont été les ennemis du dit sei-
« gneur roi. » Nous remarquons parmi les signa-
taires de cette capitulation le nom de Jean Robessart.

Voici l'aveu de Jacques de Poissy Ier [1] :

« Du roy nostre sire, je Jacques de Poissy, escuyer, seigneur
de Gouy, advoue à tenir par hommage un fié de haubert
nommé et appellé le fié de la Penneterie, dont le chief est assis
en la paroisse de Gouy, en la vicomté de Rouen et s'estent en
icelle parroisse, au Port-Saint-Ouen, au Becquet, Tourville,
Sotteville près le Pont-de-l'Arche, Sotteville près Rouen ; à
Lissy, à Varengeville, à Saint-Jean-du-Cordonnay (sic), à Roumarre, à Barentin et illec environs, auquel fié j'ay court et
usage à basse-justice et toute telle justice et jurisdiction,
comme à basse-justice peut et doit appartenir ; et je ay en
icelluy fié, manoir, jardins, rivières, pescheries, moulins à ban
et moulin à vent, rentes en deniers et grains, œufs et oiseaux,
terres labourables et non labourables et certains près et certains bois qui doivent tiers et dangers au roy nostre dit seigneur. A cause du quel fié Jacques de Croismare, escuyer, tient
de moy, par hommage, un demy-fief de haubert, dont le chief
est assis à Saint-Jean-du-Cordonnay et s'estent en icelle parroisse, à Romare, à Barreutin et illec environ, au quel fié il y a
court et usage à basse-justice, telle justice et jurisdiction,
comme à basse-justice peult et doibt appartenir. Item, doibt
d'icelluy demy-fié treiziesmes, reliefs et aydes, saisines et red-
devanches, telles comme il appartient selon raison et la coustume du pays de Normandie, touttes fois que le cas eschet ; et
se je doit a cause de mon dit fié, servir le roy, nostre dit sei-

[1] Liasse 1re, p. n° 4 des *Titres de la seigneurie de Belbeuf.*

gneur, touttes fois qu'il est en la ville ou chastel de Rouen, en office de penetier pour touttes choses ; et par raison et à cause de ce je prens et doit avoir certains droicts en la court de nostre dit seigneur, quant il est au dit lieu de Rouen, avec certaines franchises et libertez que j'ay à cause de mon dit fié, tant en la ville de Rouen que ailleurs, si comme je le porte par privillège ; et des quelz droits moy et mes prédécesseurs avons eu bonne saisine et possession, etc.

« En tesmoing de ce j'ay scellé ces présentes de mon propre scel, qui furent faites l'an de grâce 1419, le vingt-deuxième jour de may. »

Par la capitulation de 1418, la charte d'Odon de Malpalu reprenait toute sa force et vertu. Le vainqueur désirait rattacher ainsi sa nouvelle conquête à l'époque antérieure au règne de Philippe-Auguste, pour donner une espèce de légitimité à ses droits et pour *relier la chaîne des tems;* on voit qu'à toutes les époques et presque dans les mêmes circonstances on a toujours tenu le même langage.

Aussi voyons-nous Jacques de Poissy Ier profiter de ce bon moment et obtenir de Tierry de Robessard, lieutenant-général de messire Loys de Robessard, son frère, la jouissance de ses droits d'usage dans la forêt de Rouvrai ; la famille Robessard s'était, comme on le voit, dévouée au service du roi d'Angleterre [1] :

10 *Février* 1420. « Tierry de Robessart, dit Chagnoine, chevalier, lieutenant général de noble homme et puissant sei-

---

[1] Archives de Belbeuf, Goui, liasse 2, n° 5.

gnieur, messire Loys de Robessart, notre frère, maistre enquesteur et général réfourmateur des Eaues et Forests du roy
notre souverain seigneur par toute la duchié de Normendie,
aux verdier, sergens et gardes de la forest de Rouveray, salut.
De la partie de Jaques de Poissi, escuier, seigneur de Gouy,
nous ont estés présentées les lectres, chartres et escriptures
faisant mention des droictures, coustumes, franchises et usages qu'il dit avoir en la dite forest, en nous requérant que des
dites droictures le lessison jouir et user comme accoutumé
l'a, pour ce que par la cloueson et deffence qui sur la dite forest a esté fait faire par l'ordonnance de notre dit frère, il n'ose-
roit jouir sans le congié de justice ; en nous requérant icelluy ;
pourquoy veues par nous les dites [lectres] et chartres et eu
sur ce advis et délibéracion, luy avons donné, et par ces présentes donnons congié de jouir des dites droictures, coustumes et usages et ainsi que il en jouissoit en paravant de ces
présentes et alors du temps du roy Franchoiz ; pourveu toutes fois qu'il n'entreprengne cose qui soit en préjudice du roy
notre dit souverain seigneur, ne des ordonnances faictes sur
la dicte forest, et réservé surtout le droict d'icelluy seigneur,
jusques à un an ou que autrement en soit ordonné. Pourquoy
donné fu en mandement aux verdiers, sergens et guardes de
la dicte forest que de notre dit congié le lessent jouir sans luy
donner empeschement au contraire, non obstant quelconque
cloueson où deffence sur ce faicte.

« Donné à Rouen les jours séans et tenans, par nous lieutenant dessus dit le x⁰ jour de février l'an mil cccc et xx. —
Signé Pou. »

En 1449, Charles VII expulse les Anglais de la
Normandie ; le roi se transporte au Port-Saint-
Ouen, paroisse de Goui, il y reçoit les bourgeois
de Rouen ; la capitulation de la ville est déci-
dée.

Le roi vient à Rouen en 1450, Jacques de Poissy Iᵉʳ

obtient du souverain la confirmation de ses priviléges de grand panetier [1] :

25 *Août* 1450. « Nous Charles, seigneur de Culant et de Chas-
teau neuf sur Cher, conseiller et chambellan du roy et grand
maistre d'ostel de France, savoir faisons que, comme le roy
en ce présent an, fust derrenièrement venu en sa bonne ville
et cité de Rouen; et soit ainsi que Jaques de Poissy escuier,
fust venu devers nous, le quel nous a requis avoir certains
droiz qu'il dit à luy appartenir par certains tiltres et chartres
des prédécesseurs roys de France, et confirmation de nos prédécesseurs grans maistres d'ostel de France; les quelz droiz
sont que toutes et quantes foiz qu'il plaist au roy venir en sa
dicte ville et cité de Rouen, le dit Jaques de Poissy peut avoir
et prendre, c'est assavoir, en la panneterie du dit [seigneur]
pour quatre deniers de pain, de son celier un sextier de vin à
chevalier, en sa cuisine quatre maltz, ung des grans, deux à
chevalier et ung despensable, chacun jour.

« Et pour ce que d'iceulx droitz, nous est deument apparu
par les dictes lectres et chartres qu'il nous a monstrées et exhibées, et par vertu du povoir que avons sur ce, mandons et
commandons [à tous] les officiers de l'ostel du roy au quelz il
appartient que des droiz et choses dessus dictes lui fac[ent délivrance et] le facent joyr et user plainement et paisiblement,
sans luy faire ou donner aucun destourbier ou empeschement
au contraire, durant le temps que le roy sera en sa dicte ville
et chastel de Rouen. — Doné à Mante [soubs] le seel de noz
armes le xxve jour d'aoust, l'an mil cccc cinquante. »

Louis XI succéda en 1461 à Charles VII, son père.
Le monarque étant venu à Rouen, Jacques de
Poissy Ier se fait délivrer par le maître d'hôtel du

[1] Archives de Belbeuf, liasse 2, nº 6.

roi la confirmation de ses priviléges, cette pièce est un peu altérée [1] :

22 *Octobre* 1464. « Loys, par la grâce de Dieu, roy de France, à tous ceulx qui ces présentes lectres verront salut. C[omme] notre amé et féal Jaques de Poissy, chevalier, seigneur de Gouy, se soit tiré pardevers nous, et nous [ai]t fait dire et remonstrer que par privillége, don et octroy, dès long temps a, fait à ses prédécesseurs par ung de noz prédécesseurs duc de Normandie, il ait entre autres choses toutesfois que nous venons et descendons en notre ville et chastel de Rouen, droit de prendre par chacun jour que y . . . . en notre penneterie ung pain de quatre deniers, en notre celier un sextier de vin et en notre cuisine quatre mect. . . grant d. . . . . chevalier et ung despensable et le demourant du pain qui demeure en notre penneterie à notre partement des dites ville et chastel. [Les] quelz droiz ont depuis esté confermez par aucuns de noz predecesseurs et par les maistres d'ostelz des autres, fait délivrance. . . . . . prédécesseurs du dit exposant et sur ce baille lectre adreçans aux autres officiers et mesmement au dit chevalier exposant par le feu f. . . . grant maistre d'ostel de feu notre très cher seigneur et père, que Dieu pardoint, en faisant la réduction de notre païs de Normandie. . . . . qu'il nous est deuement apparu et pour ce nous a humblement supplié et requis le dit chevalier, que notre plaisir soit lui permec[tre q]'uil ait et prengne les dits droiz et qu'il en joissent tant que serons en nos dicte ville et chastel de Rouen, selon la forme et teneur du d[it don] et octroy et sur ce lui octroyer nos lectres.

« Savoir faisons que nous, voulans entretenir les dons, grâces et octroys faiz par noz prédécesseurs au dit Jaques de Poissy, avons octroyé et octroyons, voulons et nous plaist, de grâce espéciale, par ces présentes, qu'il ait et preigne les ditz droiz et que d'iceulx il joisse selon la forme et teneur des lec-

[1] Archives du château de Belbeuf, Goui, liasse 1re, n° 7.

tres de noz prédécesseurs et confirmation d'icelles ; et tout ainsi que lui et ses prédécesseurs ont fait par ci-devant et du vivant de notre dit feu seigneur et père.

« Si donnons en mandement, par ces mesmes présentes, au grant maistre de notre hostel et autres nos maistres d'ostelz et à chacun d'eulx, que en faisant le dit chevalier joyr et user de notre grâce et octroy, ilz lui facent délivrance d'iceulx droiz et l'en facent joyr paisiblement ; sans en ce, faire ou donner aucun empeschement au contraire.

« En tesmoing de ce, nous avons fait mectre notre seel à ces dites présentes.

« Donné à Rouen le xxııe jour d'octobre, l'an de grâce mil cccc soixante quatre et de notre règne le quart. »

Sur le repli :

« Par le roy les sires du Lau, de Basoges, de la Rozière, maistre Estienne, chevalier, Guillaume de Barge et autres présens. — *Signé* ALANT. »

Le roi revient à Rouen, nouvelle confirmation [1] :

1464. « Nous Jaquelin Trousseau premier maistre d'ostel du roy, savoir faisons que comme le roy en ce présent an fust derrenièrement venu et deschendu en sa bonne ville et cité de Rouen et soit ainsi que Jacques de Poissy escuier fust venu devers nous, le quel nous a requiz certains droiz qu'il dit à lui appartenir par certains tiltres et chartres des prédecesseurs roys de France et confirmacion de noz prédecesseurs grans maistrez d'ostel de France ; les quelz droiz sont que toutes et quantes fois qu'il plaist au roy venir en sa dite ville et cité de Rouen, le dit Jacques de Poissy peut avoir et prendre, c'est assavoir en la pennerie (*sic*) du dit seigneur pour quatre deniers de pain, de son celier ung sextier de vin à chevalier, en sa

---

[1] Archives du château de Belbeuf, Goui, liasse 1ʳᵉ, n° 7 *bis*.

cuisine quatre mais, ung des grans, deux à chevalier et ung despensable, chacun jour.

« Et pour ce que d'iceulx droiz nous est deuement apparu par les dites lettres et chartres qu'il nous a monstrées et exhibées ; et par vertu du povoir que avons sur ce, mandons et commandons à tous les officiers de l'ostel du roy au quelz il appartient que des droiz et choses dessus dictes lui facent délivrance et l'en facent joyr et user plainement et paisiblement sans lui faire ou donner aucun destourbier ou empeschement au contraire, durant le temps que le roy sera en sa dite ville et chastel de Rouen.

« Donné à. . . . . soubz le seel de noz armes le. . . . . jour de. . . . . . . l'an mil cccc soixante quatre.» »

Cette charte est suivie d'une autre une année après[2] :

1465, 11 *Février*. « Nous Charles de Mellun, chevalier, baron de Landes, conseiller et chambellan du roy nostre sire, capitaine de Mellun et du b[ois] de Vincennes et grant maistre d'ostel de France, savoir faisons que le roy estant présentement en ceste ville de Rouen, Jacques de Poissy, escuier, est venu par devers nous ; le quel nous a requis avoir certains droiz qu'il dist à lui appartenir par tiltres et chartres des prédécesseurs roys de France, et confirmation de noz prédécesseurs, grans maistres d'ostel de France. Les quelz droiz sont que toutes et quantes foiz qu'il plaist au roy venir en sa dite ville de Rouen, le dict Jacques de Poissy, peult avoir et prendre par chascun jour,

« C'est à savoir en la penneterie du dict seigneur pour quatre deniers de pain, de son celier un sestier de vin à chevalier, en sa cuisine quatre metz, ung des grans, deux à chevalier et ung despensable et ce durant le temps que le roy nostre dict seigneur fera résidence au dict lieu de Rouen.

1 Sans date de lieu ni de jour.
2 Archives du château de Belbeuf, Goui, liasse 2, n° 9.

« Et pour ce que d'iceulx droiz, nous est deuement apparu,
tant par lettres confirmatives du roy notre dit seigneur et de
noz prédécesseurs, grans maistres d'ostel de France, que autrement ;

« Mandons, et par vertu du povoir à nous donné sur ce,
commandons à tous les officiers de l'ostel du roy, notre dit seigneur, aus quelz il appartient, que des droiz et choses dessusdictes luy facent plaine délivrance et l'en facent jouir et
user plainement et paisiblement, durant le dict temps, sans
luy faire ou donner aucun destourbier ou empeschement au
contraire.

« Donné au dict lieu de Rouen, soubz le seel de noz armes
le xiᵉ jour de février, l'an mil cccc soixante et cinq. »

La Normandie allait posséder pour bien peu de
temps un nouveau duc ; Louis XI avait signé à
Conflans, le 5 octobre 1465, le traité de Paris, par
lequel il cédait la Normandie à son frère Charles.
Charles rendit son hommage au roi à Vincennes et
se transporta de suite en Normandie pour prendre
possession de son duché. Arrivé à Rouen le premier
dimanche de l'Avent, à dix heures du matin, « il fut
« conduit dans la cathédrale processionnellement,
« où la messe fut aussitôt commencée par Louis
« d'Harcourt, patriarche de Jérusalem et évêque de
« Bayeux, en l'absence du cardinal archevêque
« Guillaume d'Etouteville. Après l'épître, le *sei-*
« *gneur-duc* fit le serment que ses *prédécesseurs*
« avoient fait ; après le serment prêté, l'évêque de
« Lisieux, qui étoit Thomas Basin, lui mit au doigt
« un anneau d'or. *Le comte de Tancarville, conné-*
« *table héréditaire de Normandie,* lui présenta l'épée

« et Jean, comte d'Harcourt, *maréchal de Norman-*
« *die*, la bannière de Normandie ; on poursuivit la
« messe ; et après l'offertoire, le nouveau duc fit
« une riche offrande ; l'évêque d'Avranches, les
« abbés de Fécamp, de Sainte-Catherine, de Saint-
« Vandrille assistaient à cette cérémonie avec les
« ornemens de leur dignité [1]. »

Dans une circonstance si solennelle, on voit
les grands officiers du duc de Normandie exercer
leurs fonctions dans la cathédrale de Rouen ; le
grand panetier devait aussi se trouver à son poste,
mais nos archives ne nous fournissent pas de renseignements sur ce point.

On sait, au surplus, combien fut de courte durée
ce nouveau duché. L'année suivante, Louis XI se
remettait en possession de la province, qu'il n'avait
abandonnée qu'à regret, forcé par les circonstances.
Dès 1469, Charles rendait à son frère, à Montils-lès-
Tours, l'anneau *dont il disoit qu'il avoit épousé la
Normandie*. Le roi chargea Louis de Luxembourg,
comte de Saint-Pol, connétable de France et son
lieutenant général en Normandie, de faire rompre
cet anneau en présence de l'Echiquier réuni. Les
lettres du roi portaient : « Et afin que nostre peuple
« de Rouen scache que nostre frère a renoncé au
« duché de Normandie, nous envoyons l'anneau,
« que vous ferez rompre publiquement en l'Eschi-
« quier, afin que cela soit notoire. »

[1] Farin, t. Ier, p. 80, édit. de 1738, in-4°.

L'anneau fut effectivement rompu en deux pièces, lesquelles furent rendues au connétable.

Le duché de Guyenne fut donné à Charles en échange du duché de Normandie.

Il ne sera plus désormais question d'un duché et d'un duc de Normandie, la province appartient à jamais au royaume de France; l'incorporation est définitive et pour toujours. La province conservera la charte normande, sa coutume, le tribunal de l'Echiquier; pour tout le reste, elle sera assimilée aux autres provinces de France.

Le souvenir des anciens ducs et des dignités qui faisaient l'ornement de la cour s'affaiblira chaque jour davantage. Alors, seulement, si le roi de France vient à Rouen, ce qui n'arrivera qu'à de longs intervalles, les possesseurs des fiefs auxquels ces charges sont attachées se présenteront; ils réclameront encore leurs droits anciens, ils feront même leur service, mais tout cela n'a plus de raison d'être et finira par cesser tout à fait sous les règnes de Louis XIII et de ses successeurs.

Cependant les seigneurs de la grande paneterie ne resteront pas tout à fait inactifs. Nous allons poursuivre les faits postérieurs au règne de Louis XI.

Jacques de Poissy Ier mourut vers 1480, laissant Jacques de Poissy II, son fils.

Jacques de Poissy II obtint, le 3 janvier 1484, du réformateur des Eaux et Forêts de Normandie mainlevée des droits d'usage dans la forêt de Rouvrai [1] :

5 *Janvier* 1484. « Pierre le Cordier, escuier, seigneur de Rainffreville, lieutenant général de noble homme Jacques de Silly, escuier, seigneur de Lourray, conseiller, chambellan du roy notre sire, maistre enquesteur et général refformateur de ses Eaux et Foretz en Normandie et Picardie, au verdier de la forest de Rouveray, ou son lieutenant, salut.

« Savoir vous faisons que vues par nous les lettres expédiées et délivrées par nous, présentées de la partie de noble homme Jacques de Poissy, escuier, seigneur de Gouy et faisant mencion des droictures, franchises, libertez, coustumes et usages que le dit escuier dit avoir droit de prendre et avoir en la dite forêt de Rouveray plus à plain contenus et déclarés ès dites lettres, ausquelles ces présentes sont attachées soubz notre signet, nous avons osté et levé l'arrest et empeschement qui mis et donné lui avoit esté ès dites droitures et franchises, par cry et cloeson générale faicte puisnaguères, par notre ordonnance pour la vissitation des dites forestz, et jusques à ce qu'il fut suffisament apparu de ses dites lettres, chartres et droitz ; et lui avons donné et donnons par ces dites présentes, congié et licence de jouyr et user de ses dites droitures et franchises par bonne modération et attempence, sans aucun excès ne abuz, selon ce que la dite forest le pourra raisonnablement porter, endurer et soustenir et que les dites lettres le contiennent. Si vous mandons que le dit escuier vous fetes, souffrez et laisset jouyr et user de ses dites droitures et franchises, plainement et paisiblement, sans, pour la cause dessusdite, lui donner aucun empeschement indeu, par en faisant telz droitz et devoirs qu'il en est pour ce tenu faire ; les ordonnances des dites forestz surtout gardées.

« Donné à Rouen le tiers jour de janvier, l'an mil cccc quatre vingtz et quatre.— *Signé* P. LE CORDIER. »

_____
[1] *Archives de Belbeuf, Gouï, liasse* 2, n° 10.

Jacques II rendit, le 23 juillet 1484, aveu au roi du fief de la grande paneterie[1] :

« A tous ceux qui ces présentes lettres verront, Jacques de Touteville, chevalier, seigneur de Beyne, baron d'Ivry et de Sainct-Andry, en la Marche, conseiller chambellan du roy nostre sire et garde de la prévosté de Paris, salut.

« Sçavoir faisons que pardevant Guy Le Lièvre et Florent Luiller, nottaires du roy nostre dict seigneur en son Chastellet de Paris, fut présent noble homme Jacques de Poissy, escuyer, seigneur de Gouy, le quel advoua et advoue à tenir par hommage, du roy nostre sire, un fief de haubert nommé et appellé le fief de la Penneterie de Normandie, dont le chef est assis en la parroisse de Gouy et s'estend en icelle paroisse, au port Sainct-Ouen, au Becquet, Tourville, Soteville près le Pont-de-l'Arche, Soteville près Rouen, à Varengeville, à Saint-Jean-du-Cardonnet, Sainct-Romart, Saint-Barentin (sic) et illec environ ; au quel fief le dit de Poissy disoy avoir court et usage et toute telle jurisdiction, comme à basse-justice peult et doibt appartenir ; manoir, jardins, rivières, pescheries, moulins à ban et moulin à vent, les quelz soloient valoir trente cinq livres de rente et de présent ne sont de valeur que de cent solz tournois ou environ, pour ce qu'ils ont esté démolis et abatus à cause de la guerre. Item, cent et dix acres de terres labourables ou environ, qui valent cinquante livres tournois par an de rente ou environ. Item dix acres de pré qui soulloient valoir trente livres ou environ et de présent ne valent que vingt livres par an. Item, quarante cinq acres de bois ou environ tenus à tiers et danger du roy nostre sire et soulloit le dit fief valoir huit vingtz livres tournois ou environ et de présent est tourné en telle diminution à cause de la guerre, que en rentes et deniers deubs à plusieurs homes, ne vault par an que quatre vingtz livres tournois ou environ et quatre vingts mines de grain, tant blé, orge que avoyne et six vingts onze pièces de

[1] Archives de Belbeuf : *Titres de la seigneurie de Belbeuf*, liasse 1re, n° 4.

poullailles, tant chapons que gélines et trois cens œufs de rente par an ou environ.

« A cause du quel fief, maistre Robert de Croismare, tient du dit de Poissy, comme icelluy de Poissy dict, par hommage un demy-fief de haubert, dont le chief est assis à Saint-Jean-du-Cordonnay et s'estend en icelle parroisse, Sainct-Roumare, Sainct-Barentin (sic) et illec environ, du quel fief a court, usage à basse justice et telle justice et jurisdiction comme à basse-justice peut et doibt appartenir. Le quel fief doibt au dit de Poissy, à cause de son dit fief de haubert, treizièmes, reliefs, aydes, faisances et redevances, telles comme il appartient selon raison et la coustume du dit pays de Normandie, toutes fois que le cas y eschet.

« Et à cause duquel fief, le dict de Poissy disoit estre tenu servir le roy, nostre dit seigneur, toutes fois qu'il est en la ville de Rouen ou chastel, en office de penetier avec reliefs quand eschet; et à cause d'icelluy fief, pour toutes choses et par raison, disoit aussy avoir droict en la court du roy nostre sire, quant il est au dit lieu de Rouen, à certaines franchises et libertez qu'il a à cause de son dict fief, tant ès la ville de Rouen que ailleurs, comme il porte par privilèges, etc.

« En tesmoing de ce, nous à la relation des dits nottaires, avons mis en ces lettres le scel de la dicte prévosté de Paris; faictes et passées doubles le vendredi 23e jour de juillet l'an mil quatre cens quatre vingts et quatre, *Signé* LE LIÈVRE et LUILLIER, avec paraphe. »

Jacques de Poissy se fait accorder, le 11 juin 1511, des lettres pour ses droits d'usage dans la forêt de Rouvray[1] :

« Jehan d'Orglandes, seigneur de Prétot, d'Auvers, Gaillardbos, Varquel* uire et Menesqueville, maistre enquesteur et général refformateur des Eaues et Forestz du roy notre sire

---

[1] Archives de Belbeuf, Goui, liasse 2, n° 12.

en Normandie et Picardie, au Verdier de la forest de Rouveray ou à son lieutenant, salut.

« Veues par nous certaines lettres, expéditions et delivrances à nous presentées par noble homme Jacques de Poyssy, seigneur de Gouy, faisant mention des droictures, franchises, libertez, coustumes et usages que le dit seigneur de Gouy dit avoir droit de prendre et avoir en la dite forest de Rouveray plus à plain contenuz et déclarez ès dites lettres ausquelles ces présentes sont atachez soubz notre sceel ; Et icelles communicquez avec les officiers du roy notre dit seigneur, du consentement desquelz nous avons osté et levé l'arrest et empeschement qui mis et donné luy avoict esté ès dites droictures et franchises par cry et cloeson géneralle sur ce faicte puis naguères. Et luy avons donné et donnons par ces dites présentes congé et licence de joyr et user de ses dictes droictures par bonne modération sans aucuns excepz ne abuz, sellon ce que la dite forest le pourra raisonnablement porter et soustenir et que ses dites lettres le contiennent.

« Sy vous mandons que le dit seigneur de Gouy, vous faictez souffrez et laissez joyr et user de ses dites droictures plainement et paisiblement sans luy donner aucun empeschement indeu par en faisant telz droictz et devoirs qu'il en est pour ce tenu faire. Les ordonnances des dites forestz, icelles surtout gardés.

« Donné à Gaillarbos le unzieme jour de juing, l'an mil cinq cens et unze. — *Signé* : LEFÈVRE. »

Jacques de Poissy II avait épousé Jehanne d'Auricher ; il mourut vers 1515, laissant deux fils, Antoine de Poissy, seigneur de Gouy, et Thomas de Poissy, son frère, curé, pendant plus de vingt-cinq ans, du village de Grand-Camp, près de Bernay.

Antoine de Poissy rendit, en 1516, aveu au roi François Ier du fief de la grande paneterie [1].

---

[1] Archives de Belbeuf, Goui, liasse 1re, n° 6.

6

11 *Mars* 1516. « Françoys, par la grâce de Dieu, roy de France, à nos amez et féaulx gens de nos comptes et trésoriers à Paris, aux bailliz de Rouen et de Caux et vicontes des dits lieux, ou à leurs lieutenans et à nos procureurs et receveurs ordinaires ès dits bailliages et viconté, salut et dilection.

« Savoir vous faisons que nostre cher et bien amé Anthoine de Poissy, escuyer, nous a, ce jour duy, fait ès mains de nostre amé et féal chancellier, les foy et hommages qu'il nous estoit tenu faire, pour raison de la terre et seigneurie de Gouy, d'un quart de fief, assis au Besquet, d'un autre quart de fief, nommé le fief Mauduit et d'un huictiesme de fief assis en la paroisse d'Anqueville, en la viconté de Caudebec, et de leurs appartenances et deppendances, tenuz et mouvans de nous à cause de notre duché de Normandie. Ausquelz foy et hommage, nous l'avons receu, sauf notre droit et l'autruy. Si vous mandons, commandons et enjongnons, par ces présentes et à chacun de vous, si comme à luy appartiendra, que, par faulte des dites foy et hommage à nous non faitz, vous ne mectez ou donnez, ne souffrez estre fait, mis ou donné, au dit de Poissy, aucun arrest, trouble ou empeschement en ses dits fiefz, terres et seigneuries, leurs appartenances et deppendances ; mais si, à ceste cause, elles estoient prinses, saisies, arrestées ou autrement empeschées, en quelque manière que ce soit, les luy mectez ou faictes mectre incontinant et sans délay, à pleine délivrance et au premier estat et deu, car ainsi nous plaist-il estre fait ; pourveu que le dit de Poissy, sera tenu bailler ses adveuz et dénombremens par escript, en notre Chambre des dits Comptes, dedans temps deu et nous fera et paiera les autres droitz et devoirs, s'aucuns nous en sont pour ce deuz, se faiz et payez ne les a.

« Donné à Paris le xie jour de mars, l'an de grâce, mil cinq cens et seize, et de notre règne le troisiesme. — Par le roy, à votre relacion, *Signé* : MAILLART. »

Antoine de Poissy exerça les fonctions de grand panetier de Normandie sous le règne de François Ier, ainsi que cela résulte d'un titre portant la date de 1565 [1], et dont nous aurons, par la suite, occasion de parler plus longuement.

Une enquête avait été ordonnée pour constater les priviléges du fief de Gouy, alors contestés; nous rapportons les déclarations de quelques-uns des témoins qui furent alors entendus devant le lieu-tenant-général du bailliage de Rouen :

« ... Richard Chemin, laboureur demeurant en la paroisse de Gouy, aagé de soixante douze ans... dict [qu'il]... a ouy dire à feu Anthoyne de Poissy, lors seigneur du dit lieu de Gouy, qu'il a jouy de la dite droicture, le feu Roy François premier estant en ceste ville [de Rouen], lequel avoit esté conduict et mené en la maison du Roy par le seigneur de Rouville, grand veneur du Roy.

« ... Thibault Guérard, laboureur, demeurant en la dite paroisse de Gouy, aagé de soixante huict ans, dict ... [que] de son temps a veu que le dit de Poissy s'estoict introduict et présenté au feu Roy François premier par le moien du seigneur de Rouville pour faire le dit estat de pennetier.

« ... Guillot Regnault, laboureur, aagé de cinquante ans... a ouy dire plusieurs fois, dudit deffunct de Poissy, seigneur de Gouy, qu'il a jouy de la dite droicture de pennetier, et que, à ce faire, il fut présenté par le feu seigneur de Rouville, grand

[1] Archives du château de Belbeuf, Gouy, liasse 1re, n° 10.

veneur du feu Roy François premier ; mesme l'a ouy
dire a plusieurs anciens gentilshommes qui hantoient
et fréquentoient avec le dit seigneur de Poissy qui
l'appelloient *le pennetier du Roy* ; mesmes a dict
que les chartres et priviléges de la dite seigneurie
en font mention. »

C'est à Antoine de Poissy que sont redevables les
habitants de Gouy, des propriétés qu'ils possèdent
encore aujourd'hui ; elles leur furent concédées
moyennant des rentes dont la révolution de 1789
les a affranchis.

Le même Antoine de Poissy concéda également
aux habitants d'Incarville, commune de St-Aubin-
Celloville , moyennant des rentes , le territoire
connu sous le nom de *Menus bos* et que les habitants ont depuis peu mis en culture.

Antoine de Poissy mourut vers 1541, ne laissant
qu'une fille, Louise de Poissy, héritière de son
père, et plus tard du curé de Grand-Camp, son
oncle.

Antoine de Poissy, vivant sans éclat dans sa terre
de Goui, Thomas, son frère, simple curé de village,
furent les derniers rejetons de cette branche illustre de la maison de Poissy, dont l'éclat avait été si
grand dans l'Ile-de-France à son origine. Elle se
serait sans doute conservée au premier rang de la
noblesse française, si, au lieu de quitter les environs de Paris et la cour des rois de France, pour

s'établir en Normandie, elle n'avait pas abandonné
ainsi la source des faveurs et des grâces.

Nous n'avons pas dû nous occuper d'une autre
branche de la maison de Poissy, comme ayant été
étrangère au fief de la grande paneterie et qui
posséda la terre de Radepont. Cette branche s'étei-
gnit dans l'illustre maison de Léon ; on peut consul-
ter à cet égard l'excellente histoire de Radepont,
par M. Fallue.

Cette famille ne fut pas cependant éteinte. Nous
trouvons dans la maintenue de 1666 un Claude de
Poissy, alors seigneur de Cléry, élection de Chau-
mont et Magny, ses armes sont *d'or au chef de sa-
ble*, c'est bien celles des Poissy. On lit cette mention
dans cette maintenue : « La maison de Poissy est
« des anciennes de l'Etat, étant fait mention dans
« un arrêt de la cour de l'Echiquier de Normandie
« de l'au 1222, de Robert de Poissy et en deux, ès
« années 1337 et 1344, de Jean de Poissy, es-
« cuyer et de Jean et Pierre de Poissy, cheva-
« liers ; ceux de la branche dont il s'agit possè-
« dent héréditairement la terre de Cléry. »

Nous ignorons s'il existe encore quelques descendants de cette illustre maison.

CHAPITRE VI.

Louise de Poissy, seule fille et héritière des grands biens de sa famille, était un brillant parti; elle épousa Guillaume d'Hellenvillier.

La maison d'Hellenvillier était ancienne et illustre.

Jean, sire de Hellenvillier, vivait dans le onzième siècle; il avait épousé la fille du comte de Périgord.

Dans le même siècle, Claudin de Hellenvillier, seigneur d'Auteuil et des Planches, était maréchal de Normandie.

Roger de Hellenvillier fut seigneur d'Aurilly; il n'eut pas d'enfants de sa première femme, de la maison d'Achey; il épousa en secondes noces, en 1369, Marguerite de Dreux, dame de la Chapelle-Gautier et de Baigneux, petite-fille de Louis VI, dit le Gros, roi de France, et fille de Robert de Dreux, seigneur de Ben, souverain maître d'hôtel de France, et d'Agnès de Thianges. Rien de plus illustre que ces alliances.

Guillaume de Hellenvillier rendit, en 1539, aveu de la seigneurie de Gouy [1].

---

[1] Archives de Belbeuf, Gouy, 1re liasse, no 8.

8 *Mars* 1539. « Françoys par la grâce de Dieu, roy de France, à noz amez et féaulx, gens de nos Comptes et trésoriers à Paris, au bailly de Rouen ou son lieutenant, et à nos procureur et receveur ordinaire ou leurs substitut et commis au dit lieu, salut et dilection.

« Sçavoir vous faisons que notre bien amé Guillaume de Hellenviller, escuyer, nous a, le jourduy, faict au bureau de notre Chambre des dits Comptes les foy et hommages qu'il, à cause de Loise de Poissy, damoiselle, sa femme, nous estoit tenu faire, pour raison d'un fief de haubert, nommé le fief de la penneterie de Normandie, assis à Gouy, d'un quart de fief nommé le fief du Becquet, leurs appartenances et deppendances, tenuz et mouvans de nous à cause de notre viconté du dit Rouen ; à quoy il a esté receu, sauf notre droit et l'autruy.

« Si vous mandons et à chacun de vous, si comme à lui apartiendra, que si pour cause des dits foy et hommage non faitz, les dits fief et portions de fiefz dessus déclarez, ou aucunes de leurs dictes appartenances et appendances, sont ou estoient mises en notre main, ou autrement empeschées, vous les luy mectez ou fetes mectre au délivre incontinant et sans délay, et pourveu que dedans temps deu, il en baille par escript, en notre dicte Chambre des Comptes, ses adveux et dénombremens, face et paye les autres droitz et debvoirs s'aucuns nous sont pour ce deubz, se faictz et payez ne les a.

« Donné à Paris le huictième jour de mars, l'an de grâce mil cinq cens trente-neuf et de notre règne le vingt-sixième. — Par le Conseil estant en la chambre des Comptes, *Signé* : LE-MAISTRE. »

L'aveu précédent fut suivi, en 1541, d'un dénombrement [1].

24 *Mai* 1541. « C'est la déclaration que noble homme Guillaume de Hellenviller, seigneur des fiefz, terres et seigneuries

[1] Archives de Belbeuf, Gouy, liasse 1ʳᵉ, n° 7.

de Gouy et le Becquet, au droit de damoyselle Loyse de Pouessy, sa femme, seulle fille et héritière de deffunct noble homme Anthoine de Pouessy, de son vivant seigneur des dictz fiefz, terres et seigneuries, baille et présente à Monsieur le bailly de Rouen ou son lieutenant, suivant le mandement du roy notre sire, ainsy qu'il ensuict ;

« Et premièrement, le dict fief noble de Gouy, qui est plain fief de haubert, nommé et appellé, de toute ancienneté, le franc-fief de la penneterie de Normandie, dont le chemoys est assis en la dicte paroisse de Gouy, en la viconté de Rouen, et s'estend en icelle paroisse, le Port-Saint-Ouen, au Becquect, Sotteville prez le Pont de l'Arche, Tourville, Sotteville lez Rouen, Angoville les Aultieux, Varengeville, Sainct Jehan du Cardonnay, Ymare, Roumare, Barentin, Sainct Paes les Vieulx et autres paroisses illec environ ;

« Et le quel fief est tenu neuement et sans moyen du roy nostre dict seigneur, à cause de sa dicte viconté de Rouen ; et en circunstances et deppendences, tant en court, justice, jurisdiction, manoir, jardins, pescheries, rivières et autres choses, toutes charges déduictes et rabbatues, vault, par chascun an, la somme de troys cens livres tournois ou environ.

« . . . . . . Et à cause des dictz fiefz de la penneterie et le Becquect, cy-dessus déclarez, et deu service d'ost, quant il plaist au roy, nostre dit seigneur, faire tenir son baon et arrière-baon ; et pour le dict service, ensemble pour le service du fief du Mesnil-Jourdain, appartenant au dit de Hellenviller, assis en la viconté du Pont-de-l'Arche, le dict de Hellenviller a accoustumé faire ung homme d'armes. Protestant le dict de Hellenviller, au droit que dessus, où il se trouveroit cy-après qu'il eust par obmission, inadvertence ou autrement, obmis à mectre et déclarer, en la présente déclaration, autre chose nécessaire, de le povoir mectre et déclarer sy tost qu'il pourra estre venu à sa congnoissance ; et qu'il plaira au roy nostre dit seigneur, ou son commissaire aussy le diminuer s'yl y eschéoit, ainsy que le cas le pourra requérir.

« En tesmoing des quelles choses, moy dit de Hellenviller, ay signé la présente de mon saing manuel, cy-mys le xxiii^e

jour de may, l'an de grâce mil cinq cens quarante et ung. — *Signé* : Guillaume de Hellenviller. — Plus bas est écrit : Présentée et affirmée véritable par le dict de Hellenviller devant nous Jehan Moges, escuier, licencié ès-loix, lieutenant général de noble et puissant seigneur, Monseigneur le bailly de Rouen, et commissaire du roy, nostre dict seigneur, en ceste partie, le vingt quatrième jour de may, l'an mil cinq cens quarante et ung. — *Signé* : Gautrel. »

Guillaume de Hellenvillier eut de Louise de Poissy un fils, nommé Antoine. Ils vendirent conjointement la terre de Gouy en 1564, à Jacques Duhamel, bourgeois de Rouen.

CHAPITRE VII.

Jacques Duhamel rendit aveu au roi en 1565 du fief de la grande paneterie.

L'aveu est remarquable par son étendue, il forme un petit volume in-folio. Jacques Duhamel semble avoir été guidé par cette maxime : *quand on prend du galon, on n'en saurait trop prendre.*

Jacques Duhamel était un personnage considérable à Rouen. On le voit, en 1567, consul, et en 1569, prieur des marchands de cette ville.

Voilà cet honnête commerçant devenu tout à coup un grand seigneur ; il est grand panetier de Normandie ; il aura l'honneur de servir le roi en cette qualité, quand il plaira au monarque de venir dans la cité.

Il aura à la cour son pain, son vin et des mets aussi délicats que ceux qui seront servis à la table des chevaliers.

Il pourra, en même temps, nourrir son valet, car il recevra chaque jour un mets moins bon que les autres, dit *despensable.*

Il aura à remplir une fonction bien délicate ; il lui incombe de faire venir à Rouen les provisions nécessaires pendant le séjour du prince ; il est, sans doute, trop pénétré du cas que le roi fait de la ville de Rouen, pour supposer que le monarque n'y fera pas un long séjour ; mais s'il ne reste que vingt-quatre heures dans sa bonne ville de Rouen, que ne dira-t-on pas du grand panetier ? C'est le roi qui paye tout sur sa cassette, et cependant il pourra transporter en son château de Gouy *tout le demeurant du pain et de la farine;* après le départ du roi, le pas est, comme on le voit, très-glissant.

Il a droit à un colombier à pied, qu'il va bâtir immédiatement, l'ancien étant tombé en ruines, et *comme à plein fief de haubert appartient,* c'est-à-dire avec des *bullins* jusqu'au rez-de-chaussée.

Il va avoir un franc-bateau sur la rivière de Seine, avec le droit de pêcher depuis *l'eau du Becquet jusqu'à la bouille,* sans payer de droits au roi ; son bateau passe avant tous les autres ; il prime même ceux qui ont obtenu du roi le privilége de la pêche, après en avoir payé des droits élevés.

Le premier coup de filet lui appartient; il est très-important pour la pêche de l'alose, et pour se rendre maître du banc de l'excellent petit poisson, nommé éperlan, lorsqu'il remonte la rivière de Seine, venant de la mer.

Il pourra faire valoir son droit de moudre son blé aux moulins de Rouen, sans payer les frais de mouture ;

Il ne payera pas d'impôts pour ses terres;

Il aura le droit, en sa qualité de *franc-jugeur* dans les forêts de Rouvrai et de Roumarre, de prendre, *pour sa comparence*, vingt sous tournois ou quatre porcs à son choix [1] ;

Il aura, ce jour-là, *franchement à dîner;* un bon repas, une fois par an, n'est pas à dédaigner ;

Il rapportera à sa femme ou à sa fille un chapeau de roses ;

Il n'ira jamais à la guerre, étant exempt du ban et de l'arrière-ban ;

Il pourra voyager sans frais, car il aura le droit *de passer et de repasser tant sur la terre que sur la mer avec gens et chevaux par tous ports et passages tant par eau ou par terre, en quelque lieu et quand bon lui semblera, sans payer aucun tribut ni péage ;*

Il n'aura qu'une seule chose à dire : *Je suis le grand panetier de Normandie, laissez-moi passer sans payer ;*

Il a son chauffage dans les forêts de Roumarre et de Rouvrai, et du bois de charpente pour réparer les bâtiments de son manoir ;

Enfin, et pour terminer, voici un autre privilége qui, au premier abord, paraît bien dangereux pour les demoiselles du fief de la grande paneterie, mais qui, heureusement, se réduira à peu de chose; je m'empresse de rassurer mes lecteurs, il aura droit *au regard de mariage !*

---

[1] On voit ici combien le signe monétaire se déprécie avec le temps par son abondance, tandis que les denrées suivent constamment le cours des choses.

Ce droit consiste en une simple visite que doit faire à son seigneur la future, accompagnée de ses parents, *dans le cas seulement* où celle-ci doit quitter son village pour s'établir en dehors des limites de la seigneurie. C'est, comme on le voit, une simple visite de politesse et d'adieu.

Quelquefois, cependant, le vassal était tenu, dans cette circonstance, de faire un petit cadeau au seigneur; mais il n'en était pas ainsi à Gouy.

Si le seigneur eût voulu empêcher le mariage, s'il se fût refusé au départ de sa vassale, le Parlement de Normandie lui eût appris que ses droits ne s'étendaient pas jusque-là depuis des siècles, comme étant contraire à *la liberté individuelle*, ainsi qu'on le dirait aujourd'hui.

L'aveu de Jacques Duhamel ne peut être imprimé en entier dans cet ouvrage; nous nous contenterons d'en donner des extraits qui seront encore bien longs. Mais il est bon cependant de connaître ce qui se passait pour la vérification des aveux et dénombrement des seigneuries; alors la Normandie relevait de la Chambre des comptes de Paris, jusqu'à l'établissement de celle de Normandie, en 1580; la Chambre des comptes de Paris ne pouvait vérifier par elle-même la véracité des déclarations des seigneurs, elle renvoyait devant le bailly des divers lieux, pour procéder à des enquêtes en présence du procureur du roi du bailliage.

L'aveu de Jacques Duhamel, de 1565, si extraor-

dinaire, si étendu, donna lieu à une instruction
très-sérieuse. De nombreux témoins de tous les
ordres furent entendus. Les priviléges du fief de la
grande paneterie *ne furent jamais exposés à un plus
grand danger*, et d'autant plus que dans les aveux
précédents, les grands seigneurs, possesseurs de ce
fief, s'étaient abstenus d'étaler avec tant de com-
plaisance leurs droits ou leurs prétendus droits. Le
procureur du roi forma, en sa vérification, une vio-
lente opposition; mais, cependant, Jacques Duhamel triompha de tous les obstacles; le bailliage,
présidé par son lieutenant général, après mûre dé-
libération, donna un avis favorable, et la Chambre
des comptes de Paris reçut l'aveu sans difficulté.

Voici le texte de cet acte très-abrégé par nous,
et cependant d'une grande longueur [1].

16 *Mars* 1565. « L'an de grâce mil cinq cens soixante cinq,
le seizième jour de mars à Rouen, devant nous Jacques de
Brévedent, escuier, conseiller du Roy, lieutenant général au
bailliage du dit Rouen, commissaire du dit seigneur et de
messeigneurs des Comptes en ceste partie:

« S'est comparu en personne honorable homme Jacques du
Hamel, bourgeois demeurant en ceste ville de Rouen, seigneur des fiefs de Gouy, le Becquet et du fief aux Maliades, le
quel en la présence du procureur du Roy en ce dit bailliage,
nous a présenté les lettres patentes d'icellui seigneur signées
par le conseil, estant en la Chambre des Comptes, de Baugy,
en date du dixneufième jour d'octobre dernier passé, au présent, mil cinq cens soixante cinq, par les quelles appert comme

---

[1] Archives du château de Belbeuf, Gouy, liasse 1re, n° 10.

le dit jour icelluy du Hamel auroit faict au bureau de la dite
Chambre des Comptes les foy et hommage qu'il est tenu faire
au Roy notre souverain seigneur pour raison et à cause du
dit fief, terre et seigneurie de Gouy, vulgairement et antiennement nommé le franc-fief de la paneterye du duc de Normandie, et des dits fiefs du Becquet et du fief aux Mallades au
dit du Hamel, appartenans à cause de l'acquisition qu'il en
avoit faicte de Guillaume et Anthoyne dictz de Hellenviller,
escuiers, le tout tenu neuement de Sa Majesté à cause de ses
vicontés de Rouen et du Pont-de-l'Arche ausquelz foy et hommage le dit du Hamel avoit esté receu saouf les droicts du Roy
et de l'autruy et à la charge d'en faire et bailler par luy par
escript en temps deu en la dite Chambre des Comptes son adveu et desnombrement *en faisant icelluy vériffier* et aussi à la
charge de paier les aultres droicts et debvoirs pour ce deubz,
sy paiez n'avoient esté et sy a le dit du Hamel faict apparoir
de l'adveu et dénombrement par luy baillé et présenté à la
dite Chambre des Comptes des dits fiefs et sieuries collationné
au semblable demoure en la dite Chambre le deuxième jour
de ce dit mois et an ; et au quel adveu et lettres patentes sont
attachés deux actes et mandements de nos dits sieurs des Comptes soubz leurs signets, l'un en dabte du vingt deuxième d'octobre et l'aultre du dit deuxième de mars le tout dernier passé,
en ce dit an mil cinq cens soixante cinq, par les quels nous est
mandé sy pour cause des dits foy et hommage non fait, adveu
et dénombrement non baillé, les dits fiefs et sieuries ou aucunes de leurs appartenances et dependences estoient saisis en
la main du Roy ou aultrement ampeschés nous eussions à les
luy mectre à pleyne et antière délivrance et au premier estat
et deu à commencer du jour et dabte du dit premier mandement, à la charge de faire vériffier par le dit du Hamel son dit
adveu et dénombrement dedans troys mois en suyvant du dit
dernier mandement à jour d'assise ou à troys jours d'ordinaires et plaidables en suivans et consécutifz pour *icelluy vériffié*, estre renvoyé pardevers nos dits sieurs des Comptes afin
de y estre pourveu comme de raison et à la charge aussy de
paier les dits droicts et debvoirs sy aucuns en sont deubz,

pourveu qu'il n'y eust aucune choze du dommayne du Roy ne
aultre cause d'empeschement, auquel cas nous estoict mandé
en advertir par escript nos dits sieurs des Comptes, le tout
jouxte qu'il est plus à plain contenu et déclaré par les dites
lettres patentes et mandement desquels et du dit adveu et
dénombrement la teneur ansuyt :

« Charles, par la grâce de Dieu roy de France, à noz amez et
féaux les gens de noz Comptes à Paris, bailly et vicontez de
Rouen et du Pont de l'Arche, ou son lieutenant et à noz procureur et receveur ordinaire au dit lieu ou leurs substitus
et commis, salut et dillection. Savoir vous faisons que notre
bien aimé Richard Lheureux ou nom et comme procureur
suffisamment fondé de lettres de procuration, donct est apparu
de notre bien amé Jacques du Hamel nous a, ce jourdhuy, ou
dit nom faict au bureau de notre Chambre des dits Comptes
les foy et hommage que le dit du Hamel nous estoict tenu faire
pour raison des fiefs, terres et seigneuries cy-après déclarez ;
c'est assavoir du fief, terre et sieurie de Gouy, vulgairement et
antiennement nommé le franc-fief de la panneterie du duc de
Normandie, du fief du Becquet, scituez et assis en notre viconté
de Rouen ; et du fief aux Mallades, assis en notre viconté du
Pont de l'Arche, le tout tenu et mouvant de nous à cause de
nos dites vicontez de Rouen et de Pont de l'Arche et au dit du
Hamel appartenans par acquisition qu'il en a faicte de Guillaume et Anthoyne de Hellenviller ausquelz foy et hommage
le dit Lheureux ou dit nom a esté receu saouf notre droict et
l'autruy. Sy vous mandons et à chacun de vous sy comme à
luy appartiendra que sy pour cause des dits foy et hommage
nom faictz, les dits fiefz, terres et seigneuries de Gouy, du
Becquet et du fief aux Mallades, cy dessus déclarez ou aucunes
de leurs appartenances et deppendances sont ou estoient mises
en notre main ou aultrement empeschez vous les mectes ou
faictes mectre au dit du Hamel au délivre incontinent et sans
delay, pourveu que dedans temps deu, il en baille par escript
en notre dite Chambre des Comptes ses adveux et dénombrements face et paye les aultres droictz et debvoirs s'aucuns nous
sont pour ce deubz sy faictz et paiez ne les a.

« Donné à Paris le dixneufième jour d'octobre, l'an de grâce mil cinq cens soixante cinq et de notre règne le cinquième.

« Et au bas, par le Conseil estant en la Chambre des comptes, *Signé* DE BAUGY et séellé sur simple queue de cyre jaulne.

« ..... *Adveu.*—C'est la déclaration, adveu et dénombrement des fiefz, terres et seigneuries de Gouy aultrement et antiennement nommé le franc-fief de la penneterye du duc de Normandie, du fief du Becquet et d'un aultre fief nommé le fief aux Mallades, puisnaguères euz et acquis par Jacques du Hamel, bourgeois de Rouen de nobles hommes Guillaume et Anthoyne dictz de Hellenvillers, père et filz par contraict passé pardevant les tabellions du Pont de l'Arche le dernier jour de may, mil cinq cens soixante, le quel adveu et dénombrement le dit du Hamel baille et prête au roy notre souverain seigneur ainsy que sera cy-après déclaré :

« Premièrement, le dit fief, terre et seigneurye du franc-fief de la penneterie du duc de Normandie est tenuement du roy notre dit sieur par ung plain fief de haubert à cause de la viconté de Rouen, sergenterye du Pont Sainct Pierre; icelluy fief est assis et s'estend ès paroisses du dit lieu de Gouy, Sainct Aubin, Incarville les Austieux, le Port Sainct Ouen, Ymare, Tourville la Rivière et villages circonvoisins, ausquelz lieux de Tourville la Rivière et Ymare y a prévostz fieffez. Le manoir seigneurial du dit fief est assis au dit lieu de Gouy et consiste en basse maison manante, en la quelle y a salles, cuysines, cave, chambre, greniers, jardins et arbres fruictiers, garenne, *vigne*, granges, pressoir, fournil et estables; le tout contenant vingt acres ou anvyron. Il y a droicture de collombier à pied, il y a aussy droicture de justice basse pour faire tenir les pleiz et jurisdiction pour le sénéchal de la dite sieurie, hommes et subjectz.

« A cause du dit fief le dit du Hamel a droict de servir le roy d'office de pennetier lors que le dit seigneur arrive dedans la ville de Rouen, avec les droictures qui appartiennent au dit office;

« C'est assavoir que toutesfois et quantes que le roy notre dit sieur viendra en sa ville de Rouen, le dit du Hamel doit avoir

7

par chacun jour quatre denrez de pain durant le temps que le dit sieur sera et séjournera en la dite ville ; au celier du roy un septier de vin à chevallier et en la cuysine du dit sieur quatre platz ou maitz, un des grandz, deux à chevallier et ung despensable ; et doibt le dit pennetier faire trouver et apporter en la dite ville tout le pain du roy et pour ce faire doibt avoir et recepvoir les deniers aux despens et sur les finances du roy pour en paier les boullangers, la voiture du quel pain et tous les aultres fraiz, sy aucuns s'en font, doivent estre aux despens du roy notre dit sieur, à prendre le dit vin et viande par chacun jour durant le dit temps ; lorsque le roy notre dit sieur se départit pour s'en aller hors de la dite ville de Rouen, le dit pennetier doit emporter à son proffict tout le résidu de la farine et du pain qui demeure lorsque le dit sieur se départ.

« Le dit pennetier a droicture d'avoir en la rivière de Seyne un basteau pour pescher franchement sur la dite rivière sans paier aucun tribut, ne péages.

« A droict aussy de mouldre franchement tout son bled aux moullins de la dite ville de Rouen sans aucun paiement, ne moulture ; et sy est le dit du Hamel, à cause du dit fief, l'un des francz-jugeurs pour le pennage et arrière-pennage aux forestz du roy pour illec faire le debvoir qui y est requis aux despens du roy notre dit sieur et entre aultres chozes est tenu comparoistre en la dite ville de Rouen le mardy des festes de Penthecouste, ou envoyer homme au lieu ordinaire où se comparent les aultres francz-jugeurs et officiers des dites forestz ; pour la quelle comparence le dit du Hamel a droict d'avoir et prendre sur le roy ou ses officiers, le mesme jour, *la somme de vingt solz tournois, ou quatre porcz, avec ung chappeau de rozes et franchement à disner.* A cause du dit estat de francjugeur le dit du Hamel a droict d'avoir et prendre, ès dites forestz, bois et livrée tant pour ardre pour sa maison sur le dit lieu de Gouy et ses fermiers que pour bastir et réparer sur le dit lieu et manoir spéciallement aux forestz de Roumare et Rouveray prochaines du dit lieu de Rouen.

« Aussy a le dit du Hamel, à cause du dit estat de franc-jugeur, droict de pasturage et pennage pour toutes ses bestes, horsmys les chièvres, aus dictes forestz et pour la comparence qu'il est tenu faire ou envoyer homme avec les aultres francz-jugeurs pour procéder au dit pennage et arrière-pennage le dit du Hamel ne doibt aucune rente au roy de son dit fief.

« A cause du quel fief et des droictures qui y appartiennent, le dit du Hamel est franc et exempt de tous subsides, aides, coustumes, empruntz, tailles, impotz, baon, arrière-baon, portz d'armes et aultres charges généralement quelzconques tant sur la mer que sur la terre, et sy a droicture de passer et repasser luy, ses gens et chevaulx et harnoys par tous portz et passages soict par caue ou par terre en quelque lieu et quand bon lui semblera, sans paier aucun tribut, ne péage, le tout pour luy et ses successeurs.

« Du dit franc-fief de la penneterie deppendent et sont tenuz et mouvans deux fiefz, etc.

« ..... Les dictz deux fiefz doibvent au dit du Hamel, à cause de son dit fief de la penneterye, aide d'ost, le cas eschéant que le roy notre dit sieur voulsist prendre aide du dit fief de la penneterie ; aus dictz foy et hommage, rellief, traiziesmes et aultres droictz, quand il en plaira prendre par le roy notre dit sieur sur le dit fief de la penneterye.

« Les terres labourables du dit fief de la penneterie contiennent cent quinze acres ou environ en plusieurs et diverses pièces en domaine non fieffé assizes ès paroisses du dit lieu de Gouy, les Austieux et Soteville.

« ..... Soixante poulles, quarante chappons, soixante œufz, vingt boisseaux d'avoine, quatre boisseaux d'orge et quelque petite quantité de poyvre, *regard de mariage*, avec relliefz, traiziesmes, amendes, forfaictures et confiscations et aultres droictz et debvoirs seigneuriaulx à plain fief de haubert appartenans.

« ..... Nous a aussy dict et remonstré le dit du Hamel que oultre la preuve qu'il prétend avoir bien et deuement faicte de son dict adveu et dénombrement pour les droictures, privilèges, franchises et libertez y contenuz et mentionnez, il avoit recouvert quelques anciennes chartres, tiltres et enseignemens concernans les dites droictures, privilèges, franchises et liber-

tez par les quelles et au moyen de sa dite preuve, il entend
souteñir qu'il est bien et deument fondé à prétendre et demander icelles, et qu'il en doit estre fait jouissant, attendu mesmes
que de tout temps, le dit fief de Gouy est appellé le fief de la
penneterie du duc de Normandie et que les tenanciers du dit
fief ont esté pennetiers du dit duché de Normandie, comme
pennetiers héréditaulx; et passé en plusieurs familles ausquelles le dit Guillaume de Hellenviller avoict succédé, qui en
avoit faict transport et vendue au dit du Hamel. A ceste fin, a
fait apparoir d'une ancienne chartre du roy Henry d'Angleterre
et duc de Normandie de la concession par luy faicte à ung
nommé Odouins de Malapalude, du dit office de penneterie avec
tous les privilèges, droictures, franchises et libertez y mentionnez; et au dit de Malapalude, feu Jehan de Poissy, seigneur
du fief de Gouy, antiennement appelé le fief de la penneterie,
avoit succédé; au quel de Poissy avoient esté de rechef octroiez
et concédez les dits privilèges et droictures, par autre chartre
du roy Charles, de l'an mil troys cens vingt trois, au mois de
juillet, qui en avoit depuis jouy et possédé; et mesme Pierre
de Poissy son filz et leurs successeurs, seigneurs du dit fief de
Gouy jusques à présent et obtenu plusieurs délivrances d'i-
celles droictures, comme le dit du Hamel faisoict apparoir par
plusieurs actes, tiltres et enseignemens par luy mises vers
nous. Veu lesquelz, ensemble la dite information et examen de
tesmoings, il requéroit lui estre octroyé main-levée et congé
de court pour son dit adveu et dénombrement, comme bien et
deuement baillé, justiffié et vériffié ; ou sur ce en donner notre advis et le renvoier à ceste fin pardevers nos dits seigneurs
des Comptes ; sur laquelle requeste, après que le dit procureur
du roy auroit demandé à voir et délibérer les dites chartres,
tiltres et enseignemens, *pour la conséquence de la chose*, aurions
différé y faire droict et ordonné le tout estre mis pardevers luy
pour y dire ce qu'il advisera bien estre, suyvant la quelle
nostre ordonnance, le dit procureur du roy nous a dict et ré-
féré avoir veu les dites informations, chartres, tiltres et pièces
produictes par le dit du Hamel, disant pour le regard des
droictures, qualitez, libertez, franchizes et appartenances or-

dinaires des dits fiefz qu'il ne voieyoit cause ne occasion de
contredire ou blasmer le dit adveu et dénombrement pour et
autant que à telz et semblables fiefz il en compéte et appartient par la coustume et usage de ce païs de Normandie ; mais
d'autant que le dit du Hamel prétend et quallifie le dit fief de
Gouy, estre le franc-fief de la penneterie héréditale duc (sic)
duc de Normandie, auquel estat, service ou ministère, appartiennent plusieurs droictures, libertez, priviléges et immuni-
tez, comme sy le dit estat estoict annexé à la dite terre et sieurie, disoict le dit procureur du roy qu'il ne trouvoit par la
chartre produicte du roy Henry d'Angleterre, pour lors duc de
Normandie, que la concession du dit office qu'il appelle ministère de pennetier, faicte à la personne du dit Odouins de
Malapalude, feust suffisante pour prétendre et vendiquer par
le dit du Hamel, la dite qualité de pennetier de Normandie,
pour ce que la dite concession est seulement faicte à la personne
du dit de Malapelude, sans qu'il y soict faict ajection ou mention de la dite terre et seigneurie de Gouy ; et quand au *vidi-*
mus d'unes lettres du roy Charles, lors règnant, du quatorzième
de may mil quatre cens et sept, qui font mention que Pierre de
Poissy, seigneur de Gouy, y dénommé, se seroict tiltré pennetier du roy à héritage à cause de la dite terre de Gouy, pour
servir le dit seigneur au dict office, estant en sa ville de Rouen,
disoict que ce sont paroles énonciatives desquelles n'est riens
rapporté, vériffié, ny décidé en la partie dispositive des dites
lettres ; mais contiennent, en autres endroictz, que entre les
anciens droictz appartenans au dit office, le dit de Poissy avoit
justice sur les boullengers et meusniers de ceste dite ville de
Rouen, qui monstre bien que les droictures concédez par le
roy d'Angleterre au dit de Malpalus, sont deubz et avoient esté
concédez pour cause du dit office et ministère de pennetier et
non pas à cause du dit fief de Gouy, donct, comme dict est, il
n'est faicte aucune mention ou dénomination par les dites chartres, tellement que la dite quallité, dignité ou plustôt service
de pennetier hérédital de Normandie, et en conséquence les
dites droictures qui en deppendont seroient deubz aux héritiers procréez et descenduz du dit de Malpalus, comme pour-

roient ostre le dit Pierre de Poissy et les dits de Hellenviller, que l'on dict luy avoir succédé et par droict successif de famille et non pas aux tenans du dit fief de Gouy; et en tout cas quand il seroit trouvé que les dits de Hellenviller auroient peu séparement vendre le dit office de ministère de pennetier, sy esse qu'ilz ne le pourroient, avoir faict sans l'auctorité et consentement du roy et avoir sur ce obtenu lettres patentes de Sa Majesté et sy l'auroient deu vendre séparément de la dite terre, et non pas que soubz umbre de la vendue qu'ilz en ont faicte et de la dénomination et appellation qu'ilz ont voullu donner à leur dite terre, souhz ce tiltre de franc-fief de pennetier de Normandie, que l'on doibve inférer que le dit fief appartienne au dit office, ou que le dit office soict annexé au dit fief; car, tout ce qui est contenu et donct est faicte mention aux chartres et lettres produictes par le dit du Hamel, n'est que en paroles énonciatives et en tiltres et dénominations que les tenans de la dite terre de Gouy se sont donnez et attribuez de leur auctorité; et partant disoict le dit procureur du roy que du dit adveu et dénombrement doibt estre distraict la dite quallité de pennetier de Normandie et conséquement toutes les droictures, franchises et libertez qui en dépendent, contenuz en la dite chartre du roy Henry d'Angleterre; et que, en ce regard, le dit adveu doibt estre réformé; soy rapportant toutesfois à nos seigneurs des Comptes de en ordonner, ou aultrement y pourveoir comme ilz adviseront estre à faire par raison; requérant à ceste fin les dites chartres et pièces produites par le dit du Hamel et les coppies d'icelles avec l'information faicte sur la vériffication faicte dudit adveu et dénombrement estre envoiez pardevers eux.

Sur quoy, avons ordonné que la dite conclusion seroit monstrée et communiquée au dit du Hamel, pour la voir et y dire de sa part ce qu'il advisera bien estre; ce qui auroit esté faict; et depuis, se seroit le dit du Hamel représenté pardevant nous et exibé ung cayer en forme de responce à la dite conclusion du quel la teneur ensuyt :

« Le dict seigneur de Gouy ayant veu, suyvant l'ordonnance de justice, la conclusion de monsieur le procureur du roy, dict qu'il demande lettre que le dit sieur procureur déclare ne vouloir blasmer son dénombrement pour les droictures, franchises et libertez ordinaires des fiefz de haubert, telles que par la coustume leur compéte et appartiennent, et supplie que, suyvant le dit consentement, son dénombrement soict dict bien et deuement vériffié, et que luy et ses successeurs, seigneurs des dites terres et seigneuries de Gouy et du Becquet, assises en la viconté du dit Rouen, jouiront de tous et chascuns les droictz, proffictz, libertez, priviléges et franchises, contenuz et déclarez au dit dénombrement.

« Et pour le regard de l'article qui est en débat d'entre le dit sieur procureur du roy et luy pour la penneterie hérédital de Normendie ;

« Soustient le dit sieur de Gouy néaulmoins le contredict du dit sieur procureur et soubz la révérence et le congé de justice, que son dit dénombrement doibt semblablement, en ce regard, estre déclaré bien et deuement vériffié ;

« Car, en premier lieu il appert par la chartre du roi Henry d'Angleterre, sur la quelle le dit seigneur procureur fonde le soustient de son contredit, que le dict seigneur roy confirmoit à Odouins de Malapalude toutes les droictures qui appartiennent au ministère de sa penneterie de Normandie et là, les déclare et expose par après par le menu.

« Et combien qu'en la dite chartre il ne soict faict mention de la terre de Gouy, sy est, ce qu'il est nécessaire de juger, que le dit de Malapalude en estoict seigneur et ce par deux poinctz insolubles et qui concluent nécessairement.

« L'un, qu'il est congnu par la mesme chartre, que le dit Odouins estoict pennetier hérédital de Normandie, conséquemment il falloit que ceste charge eust fief ; car, en Normandie antiennement, tous officiers estoient héréditaulx, comme il se voit encores pour le jourd'huy du connestable hérédital qui est le duc de Longueville, du mareschal, du visdame, du chambellan et ainsy des aultres dont le tiltre, honneur et priviléges sont et appartiennent encores, pour le jourd'huy, aux anciennes familles du dit païs ; voire les sergenteries mesmes estoient et sont encores héréditales. Or ces offices estoient et sont fiefz nobles, subjectz à baon et arrière-baon, à garde noble et aux autres services de fief ; aussy jouissent ilz de tous privilèges et libertez à fief appartenans et ont les offices, terres et rentes appartenans et incorporés à leurs offices, lesquelles passoient avec les dits offices, ministères et dignitez à leurs hoirs et successeurs ou ayans cause, sans que précisément les dites terres et offices feussent attachez à la famille, car ilz s'en pouvoient deffaire par donation, vendition, permutation et telles autres dispositions légitimes, tout ainsy que de leurs aultres héritages, ce qui est notoire et que l'on veoit avoir esté et est encores de présent observé au dit païs ; il falloict donc que ce fief au pennetier feust assis en quelque part du dit pays de Normandie *et n'est poinct dict qu'il y en eust ung aultre que le dit fief de Gouy* ;

« Le second que puys que la panneterie est venue avec le dit fief aux successeurs du dit Odouins les quelz se sont tousjours, de toute ancienneté, tiltrez pennetiers héréditaulx de Normandie et ont jouy des privilèges contenuz en la dite chartre, à cause du dit fief de Gouy, sy comme Laurens Chambellan, comme il appert par la chartre du roy Sainct Louys, du mois d'aoust l'an mil deulx centz cinquante six et après luy ceux de Poissy, comme il appert par la lettre de l'an mil quatre cens sept, et par après ceulx de Poissy, ceux de Hellenviller, vendeurs du dit du Hamel, comme il appert par tous leurs dénombremens, délivrances, lettres estant au dit procès, il fault nécessairement juger que le dit fief de Gouy, est le vray fief annexé et incorporé à la dite penneterie de Normandie et la dite penneterie au dit fief.

« Et ce que le dit fief n'est employé en la dite chartre de Henry, n'est poinct considérable, pour ce que seullement par icelle sont référez les privilèges et droictures appartenans à la dite dignité que le roy confirmoit et non pas que la dite dignité fut en desbat ou le dit fief ou qu'il fut question de l'exprymer ;

« N'est aussy considérable ce que le dit sieur procureur du Roy reproche que les termes ou dictions dont Pierre de Poissy auroit usé en la lettre de l'an mil quatre cens sept, seroient paroles énonciatives seullement, désquelles il n'y auroit rien à la partie dispositive ;

« Pour que la dite énonciation sért pour moustrer que le possesseur de la dite penneterie se tiltroit pennetier à cause de sa
dite terre de Gouy et ce qu'il n'en fait mention en la disposition,
est d'autant que ce n'estoit la chose dont il estoict question et
de laquelle il falloit ordonner en la partie dispositive ; joinct
que cela n'a jamais esté mys en doubte ne en descord ;

« Dict qu'il est recongnu par la confession mesme du dit sieur
procureur du roy, en autre endroict de sa conclusion que les
dites droictures sont passez par droict successif de famille en
famille, aux héritiers et successeurs du dit Odomins, c'est assavoir les dits de Poissy. et de Hellenviller ; mais au mesme endroict, il reproche que les dites droictures appartiennent à la
famille seullement et non pas universellement aux tenanciers
du dit fief de Gouy. A quoy le dit du Hamël respond que soit
que les dites droictures appartiennent à la famille ou au fief,
le dit sieur procureur du roy ne peut, pour cela blasmer le
dit dénombrement ; car, sy elles appartiennent au fief, le fief
est vendu au dit du Hamel, avec ses circonstances et appartenances ; et sy à la famille, il n'y a doubte que les dits de Hellenviller, qui sont recongnuz en estre descenduz, ne les ayent
peu vendre comme ilz ont faict ; car, par l'aquisition du dit
du Hamel, les dits de Hellenviller se sont despouillez et des-
saisiz, tant du dit fief que des droictures et privilèges apar-
tenans à la dite penneterie, circonstances et deppendences, sans
en rien excepter, ne retenir, preuve le contraict de l'aquisition ;
mais tant y a que l'on voit appertement que le dit fief et penneterie sont annexez l'un à l'autre.

« …. Veu par nous, lieutenant général et commissaire susdit,
les dites lettres patentes du roy notre dit sieur, donnez à Paris
le dixneufième jour d'octobre mil cinq centz soixante cinq,
contenant les foy et hommage faictz par le dit du Hamel au
bureau de la dite Chambre des Comptes pour raison et cause
du dit fief, terre et seigneurie de Gouy, vulgairement et antiennement nommé le franc-fief de la penneterie et des fiefz
du Becquet et fief aux Mallades appartenans de présent au dit
du Hamel, tenuz neuement du roy notre dit seigneur, savoir
est le dit fief de Gouy et du Becquet à cause de sa viconté de

Rouen et le dit fief aux Mallades de la viconté du Pont de l'Arche, les mandemens et expéditions sur ce ensuyvies de nos dits
sieurs des Comptes à nous adressez des vingt deuxième d'octobre et deuxième de mars ou dit an mil cinq centz soixante
cinq, ausquelles lettres et expéditions est attaché le *vidimus* de
l'adveu présenté à la Chambre des Comptes par le dit du Hamel de ses dits fiefz, contenant en quoy ilz consistent et les
droictures, prééminences, auctoritez, franchizes et libertez
par luy prétenduz à cause d'iceulx ; *information par nous faicte*
le vingt quatrième d'avril et autres jours ensuyvans mil cinq centz
soixante six aux fins de la vérification du dit adveu et dénombrement ainsy qu'il nous estoict mandé par nos dits sieurs des
Comptes, etc.

« .... *Advis.* — Nous semble et par oppinion uniforme des
dits conseillers et receveur du domaine, sommes d'advis, soubz
le bon vouloir et plaisir de nos dits seigneurs des Comptes,
qu'il doibt estre dict le dit adveu estre bien et deument rapporté, vérifié et justifié en tout son contenu ; et partant, veu
ce qui résulte de la dite information et aultres pièces sus dites, néaulmoins le contredict et soustien du dit procureur du Roy, que main-levée diffinitive et pleine délivrance
faict à accorder et adjuger au dit du Hamel, de toutes
les dites droictures et franchizes, libertez, auctoritez, prééminences, privilèges et prérogatives, contenuz, spécifiez et
mentionnez par son dit adveu et dénombrement, comme dé-
pendentes du dit fief, terre et seigneurie de la penneterie,
nommé le fief de Gouy, et envoyé à la joissance et possession
d'icelles. A la quelle fin, nous avons le tout renvoié pardevers
nos dits seigneurs des Comptes, pour en ordonner selon ce
qu'ilz adviseront estre à faire par raison. En tesmoing de quoy
nous dit lieutenant général, avons signé ces présentes avec les
dits procureur et greffier du dit baillage, le premier jour de
juillet l'an mil cinq cens soixante et six ; signez de Brévedent,
Cavelier, Halloin et Varin, quatre paraphes ; et au bas est escript : Collation a este faicte avec l'original, retenu à la Chambre des Comptes, par moy conseiller du roy, auditeur en la
dite Chambre des Comptes, le vingt-septième jour de Juillet

mil cinq centz soixante et dix ; *signé* Amyot, ung seing et paraphe. »

Jacques Duhamel obtint, le 12 juin 1565, des lettres du lieutenant général des eaux et forêts au baillage de Rouen pour l'exercice de son droit de franc-jugeur [1].

« L'an de grâce mil cinq cens soixante cinq le mardi xiie jour de juing, à Rouen, devant nous Pierre le Prévost escuier lieutenant général de Monseigneur, et maistre des Eaues et Forestz au baillage de Rouen en procédant par nous à faire appeler les officiers, sergens et francz jugeurs de la forest de Rouveray qui doibvent comparaistre ce dit jourd'huy en ceste jurisdiction au record de la ferme du pasturage de la dite forest ; s'est présenté honorable homme Jacques du Hamel, seigneur de Gouy, lequel a remonstré que à cause du dit fief de Gouy qu'il avoit de nouveau acquis de nobles hommes Guillaume et Anthoine ditz de Hellenvillier, il estoit franc-jugeur en la dite forest et en la forest de Roumare requérant estre receu en la dite quallité et avoir lettres de sa présentation ce que lui avons accordé, par ce qu'il sera tenu et luy a esté ordonné mectre par devers nous ses lettres d'acquisition de la dite terre de Gouy pour ce faite et icelles par nous vues et communiquées au procureur du roy en la dite jurisdiction ; ordonner qu'il appartiendra. Fait comme dessus. — *Signé* : Le Prévost et Mat. »

Le 2 juillet de la même année, les *francs-jugeurs* se réunissent pour procéder à l'estimation des dégâts commis dans les forêts du roi [2].

« L'an de grâce mil cinq cens soixante cinq, le second jour

[1] Archives de Belbeuf, n° 14 de la 1re liasse.
[2] *Ibid.*, n° 15 de la 1re liasse.

de juillet en la jurisdiction des Eaues et Foretz de Rouen, devant nous Pierre le Prévost, escuier, lieutenant général de monsieur le maistre des Eaues et Forestz au baillage de Rouen, le record des haulx jours de la forest de Rouveray séans;

« Se sont comparus Jemblet, procureur de honorable homme Jacques du Hamel, seigneur de Gouy, le Becquet et fief aux Mallades, Charles de Badelièvre, escuier, Gaultier Saussay Fortin, pour les gouverneurs de l'hostel Dieu de la Magdalleine de Rouen, francz-jugeurs en la forest de Rouveray;

Aus quelz a esté enjoinct, suyvant la requeste du procureur du roy, procéder, par cy-après au chouguetage et à l'estimation des abroctissemens et desfrichemens, s'aucuns sont advenus en la dite forest; ou bien commectre, en leur absence, personnes en leur place, desquelz ils respondront pour ce faire; à quoy les dessus ditz ont obéy, pourveu que l'on leur bailleras par estat les lieux et places de la dite forest qu'il conviendra visiter.— Dont le dit procureur du roy a requis lettre. Faict comme dessus. — *Signé* : LE PRÉVOST et MAT.»

Le seigneur de Gouy était enivré de ses succès au baillage de Rouen et à la Chambre des comptes de Paris; il ne croyait plus trouver d'obstacles à ses prétentions. Dans une requête présentée au grand maître des eaux et forêts, il demande à être confirmé dans le droit *de chasser dans les dites forêts*, (celles de Rouvrai et de Roumarre) *en toutes bestes avec le lymyer ou autres chiens:* pour le coup, ce privilége ne se trouvait pas dans la charte d'Odon de Malpalu.

Le grand maître s'opposa à cette prétention, et répondit par un refus formel : « Réservé la chasse, « laquelle lui a été et est défendue jusqu'à ce qu'il

« luy ait esté sur ce pourvu par le roy ou fait appa-
« roir duement le dict droict [1]. »

1er *septembre* 1563. « Tristain de Lostaing, chevallier de l'ordre, baron de Brou, seigneur de Thieux, etc., chambellan ordinaire du Roy, cappitaine de cinquante hommes d'armes de
ses ordonnances, grand maistre enquesteur et général refformateur des Eaux et forestz du Royaume de France, A tous ceulx
qui ces présentes lectres verront, salut.

Comme ce jourd'huy, sur la requeste présentée par Jacques
du Hamel, seigneur du fief, terre et seigneurie de Gouy, plain
fief de haubert, aultrement et anciennement appellé le franc-
fief de la penneterie du duc de Normandye, tenu neuement du
Roy, scitué et assis en sa viconté de Rouen, disant que, à cause
d'icelluy fief, il est le second franc-jugeur ès forestz de Rommare et Rouveray. Pour raison de quoy et à cause de la comparence qu'il est tenu faire avec les autres francz-jugeurs
d'icelles forestz, ne doibt aucune chose au roy, de la dite seigneurie; et à cause de la quelle, entre aultres droictz, il a
droict d'avoir et prendre ès dictes forestz, boys pour son chauffage, tant pour luy que ses gens, serviteurs et fermiers, en sa
dicte seigneurie; ensemble boys pour bastir et repparer les
maisons, manoirs et édiffices de la dite terre de Gouy, le cas
offrant, avec le pasturage et franc-panaige pour toutes ses
bestes, en nombre modéré; *droict aussy, en icelles forestz, de
chasser en toutes bestes, avec le lymyer ou aultres chiens*; franc-
basteau à pescher sur la rivière de Saine. D'avoir pareillement
le mardi de Penthecouste, vingt solz sur le roy, avec un
chappeau de rozes. De tous les quelz droictz le dict suppliant
disoit ses prédécesseurs avoir esté en bonne et pacifficque possession; et d'iceulx avoir joy, sans aucun contredict, de tout
temps et ancienneté, mesmes ès derraines annez; et ce, suyvant les chartres, tiltres et enseignementz dont le dict suppliant a faict apparòir, d'autant qu'il en a peu recouvrer, pour

[1] Archives de Belbeuf, n° 17 de la 2e liasse.

raison des troubles advenus en ce pays ; et par ce aussy, qu'il est nouveau acquisiteur de la dite seigneurie de Gouy, comme il appert par contract passé par devant les tabellions du Pont-de-l'Arche, le dernier jour de may, mil cinq centz soixante et quatre.

Requérant, veu ce que dessus que main-levée diffinitive luy soit accordée d'icelles droictures ès dictes Eaux et forestz ; et à cette fin estre mandé au maistre particulier, lieutenant, verdiers et aultres officiers, luy délivrer les dictz droictz ; et d'iceulx le faire jouyr paisiblement à l'advenir.

« Sçavoir faisons que veu par nous maistre Gaultier Censsoulz, conseiller du Roy en la table de marbre du pallais à Rouen, sur le faict des Eaues et forestz en Normandye, appellé avec nous maistre Pierre Caradaz, advocat en la court, pour l'absence et excuse du lieutenant général, qui avoit dict avoir aucuns empeschementz, la dicte requeste faisant mention des droictz cy-dessus mentionnez, déclarez et prétenduz par le dict du Hamel, à raison du dict fief de Gouy à luy appartenant ;

« Ordonnance de la dicte jurisdiction de communiquer la dicte requeste au procureur du Roy en icelle, le pénultime jour de juillet, mil cinq centz soixante et cinq. »

Jacques Duhamel cite ensuite les titres sur lesquels il fonde ses droits, et dont il a déjà été fait mention :

..... « Oy, sur ce, le rapport du conseiller, commissaire, au quel le sac, pièces et escriptures ont esté distribuez; Ait esté dict ;

« Ayant esgard aux chartres, lettres, enseignementz et délivrances, ensemble au dict *vidimus* produictz et mys vers justice par le dict du Hamel, que icelluy est bien et suffisamment fondé pour avoir et prétendre ès dictes Eaues et forestz de Rommare et Rouveray, diffinitivement, comme franc-jugeur, les droictures mentionnez en sa dicte requeste ; *réservé la chasse, laquelle luy a esté et est desfendue, jusques à ce qu'il luy aict esté sur ce pourveu par le Roy, ou faict apparoir devement du dict droict; et par ce aussy que le dict du Hamel, ne pourra avoir, ne prétendre le dict droict d'ardoir et maisonner, synon que en une d'icelles forestz, selon leur possibilité; et que icelluy,* veirra estre à faire pour sa commodité; aux charges, toutesfois et submissions que les francs-jugeurs sont tenus faire au roy aus dictes forest, qui sont d'estre et assister, avec le maistre particullier à la visitation des dictes forestz et jugement des causes qui s'osfriront quand requis et appellez seront par icelluy maistre; et mandé au dict maistre, ses lieutenantz, officiers et verdiers des dictes forestz, permectre et laisser jouyr le dict du Hamel, seigneur de Gouy et luy délivrer ses dictes droictures; le tout par bonne modération et gardant les ordonnances du Roy, faites sur le faict des dictes Eaues et forestz.

« Sy mandons oultre, au premier huissier de la court de Parlement, huissiers, sergentz de la dicte jurisdiction, sergentz des dictes Eaues et forestz et aultres sergentz royaulx, sur ce requis, qu'ilz souffrent et laissent jouyr des dictes droictures le dict du Hamel, seigneur de Gouy; et en ce faisant, le gardent de toute force et viollence indeue.

« Faict en la Chambre du Conseil, le samedy premier jour de septembre mil cinq centz soixante et cinq.

« *Signé* : Censsoulz et Lambert. »

On peut, jusqu'à un certain point, justifier les prétentions de Jacques Duhamel, à l'exception cependant du droit de chasse ; car on lit dans le coutumier des forêts du commencement du quinzième siècle la mention d'une partie des droits invoqués par lui [1].

« Messire Pierres de Poissy, seigneur de Gouy a, par le don de Henry, roy d'Engleterre, duc de Normendie, d'Aquitaine et

[1] Archives de la Seine-Inférieure.

conte d'Anjou, fait à Ouen de Malepalude, son sergent en la
forêt de Romare, que il est un des regardeurs de la forest et
son pasnage franc et quicte en toutes ses forestz et lui donna
à Noel xx sols ou 4 pors ; et par la depposition faite devant
messire Jehan de Garanchière, maistre des forestz en l'an mil
iii^c et ii, a ès dictez forestz ce qui ensuit, c'est assavoir : en
l'eaue de Saine une franche-pescherie ; item, il est regardeur
èsdictes forestz, lequel regart on appelle franc-jugeur et acause
de ce est franc de pasnage et de pasturage pour ses bestez,
excepté chièvres et hors deffens et si prent ès dictez forestz,
par chascun an xx sols ou quatre pors, au terme que l'on cuist
le pasnage et pasturage ès dictez forestz et avecques ce, doit
avoir à disner franchement et un chapel de roses, car l'en
cuest communement les diz pasturages en la forest de Rouvroy le jour de la Trinité ; au quel jour il doit estre au lieu où
l'en cuest icelui pasturage, ou personne pour lui, avec le verdier de la dicte forest de Rouvroy et ceulx qui cueulent icelui
pasturage et auxi doit estre le dimence d'après la St. Jehan
avec le dit verdier au lieu ou ceulx qui sont frans en la d. forest de Rouvroy, viennent monstrer leurs franchises pour
aider à jugier comme il appartient en cas que question ne débat y seroit. »

Messieurs de Hellenvillier avaient, à ce qu'il paraît, laissé les bâtiments de leur manoir de Gouy
dans un état déplorable ; la France était alors
agitée par les guerres de religion ; ils ne demeu-
raient presque jamais à Gouy.

Le nouveau propriétaire se mit immédiatement
à l'œuvre ; il ne fut pas embarrassé pour la charpente ; il fit un appel aux forêts de Rouvrai et de
Roumarre pour élever le beau colombier en pierres
de taille blanches, existant encore aujourd'hui, et
représenté dans notre lithographie. Voici l'acte

curieux, intervenu dans cette circonstance, et qui fait connaître les précautions prises par l'Etat pour que les usagers, dans les forêts royales, n'abusassent pas de leurs droits [1].

« L'an de grâce 1565, le 29ᵉ jour de septembre à Rouen, devant nous Pierre le Prévost, escuyer, lieutenant général de Monseigneur le maistre des Eaux et forests au baillage de Rouen, sur la requête à nous présentée de la part de *honorable homme* Jacques Duhamel, bourgeois de cette ville de Rouen, seigneur du fief, terre et seigneurie de Gouy, franc-fief de haubert anciennement appelé le franc-fief de la panneterie du duc de Normandie et en cette qualité franc-jugeur des forests de Rouvrai et Roumarre ayant à ceste cause plusieurs droictures ès dictes forests et droict de prendre et livrer d'icelle son bois pour ardoir, réparer et édifier sur le dit lieu, d'avoir et lui être délivré bois en la dite forest de Rouvrai pour son chauffage de ceste année présente, ensemble lui sequestrer le nombre de bois qui lui pourra à l'avenir estre délivré par chascun an à raison de son dit fief et même de lui délivrer bois pour réparer plusieurs lieux en ruine sur le dit lieu ; en outre pour *rédifier et construire un colombier* [2] qu'il a droit d'avoir et sur le tout le laisser jouir et user de ses autres droictures tant ès dites forests que rivière de Seine et pescher avec un franc-bateau en icelles, plus emplain spécifiées en la sentence de pleine main-levée définitive par lui obtenue le premier jour de ce même mois en la jurisdiction de la table de marbre du palais à Rouen, de la quelle il nous auroit fait apparoitre.

« Vu par nous la dicte sentence définitive, la conclusion préparatoire du dit procureur du roi en ceste jurisdiction en date du viiᵉ jour de ce même mois, le procès-verbal de l'accession et visitation par nous faite au manoir de Gouy tant du bois à

---

[1] Archives du château de Belbeuf, Gouy, liasse 2, nº 19.
[2] Le colombier actuel.

8

ardoir que bois à réparer et réédifier, en date du neuf et
dixième jour de ce dit mois, le procès-verbal ordonné des
charpentiers affirmé devant nous par iceux véritable, du dit
jour dixième, l'avis du verdier de la dicte forest de Rouvrai,
par nous sur ce requis quel nombre de bois pouvoit estre délivré au dit seigneur eu esgard à la possibilité de la dicte forest
et le nombre des autres usagers en icelles employés le fait
de notre dit procès-verbal, la conclusion definitive du dit procureur du roy en date de ce dit jour. En faisant droit sur icelle,
nous avons ordonné, au dit sieur de Gouy lorsqu'il fera son
actuelle résidance sur les lieux, qu'il lui sera délivré pour son
chauffage, pour chacun an, le nombre de *cent* mesures de bu-
ches de l'escence accoutumée estre délivrée aux autres francs-
usagers, à sçavoir de deux pieds et demi de long et de gros-
seur à l'avenant et lorsqu'il n'y résidera, le nombre de 50 de
la dite essence ; et pour la dite fourniture d'icelles 25 perches
de bois à prendre et livrer en la dite forêt au triage *du val
St. Aubin,* le long et joignant les derniers chauffages d'icelles
usées et dépouillées par les autres francs-usagers, à la réser-
vation de semblable nombre de balivaux que les autres pro-
chains du dit lieu ont esté trouvé laisser au prorata de l'argent,
à la charge par semblablement de faire fossés vers le grand
chemin, généralement aux autres charges et soumission que
a uzé par ci-devant les dites ventes au dit triege. Les quelles
25 perches seront immencablement mesurés par arpenteur
du roy même, duement appelé par le dit verdier, les balivaux
maitresés et martelés ; et avons au dit Duhamel, pour les dites
perches uzer, vider et dépouiller, donné temps de six semaines
pour qu'il puisse en estre procédé au recolement ainsi qu'il
est accoustumé.

« Et pour le regard du bois à réparer et bâtir requis par le
dit scieur, lui accorderons de l'avis des charpentiers eu égard
à la possibilité de la dite forêt et autres francs-usagers en icelle,
pour subvenir aux réparations nécessaires du dit lieu, nous
avons ordonné que par le dit verdier lui seront maitresé et
martelé le nombre de 51 chesnes à prendre ès garde du Haze,
pour les dits édifices à batir ; pour faire vider hors de la dite

forest, nous lui avons donné temps de quatre mois, à la charge
de dans un, que le dit seigneur nous sera tenu faire avertir
comme le dit bois aura été employé aux dites réparations. Les
branches des dits arbres est enjoint au dit verdier faire approfiter pour être vendues au profit du roy et pour le regard de
ses autres droictures plus à plein spécifiées dedans la dicte
sentence, tant ès dictes forests, que droit de pesche de la rivière de Seine, à scavoir d'un franc-bateau peschant en icelle,
icelui seigneur est permis d'en jouir et user par bonne modération, le tout aux charges mentionnées en la dite sentence et
de remplir ce qu'il est tenu faire pour le roy en sa dite qualité
de franc-jugeur; et, à ce moyen, deffenses sont faites à tous
officiers des dites Eaux et forests ne lui donner, ni à ses gens
pour ce, aucun empeschement. Mandé au dit verdier à exécuter le contenu en notre présente sentence, jouxte sa forme et
teneur. Donné comme dessus.

« *Signé* : P. le Prévot et Morel avec paraphe. »

Cependant Jacques Duhamel éprouva un second
échec qui dut lui être très-sensible ; le 16 mai 1570,
il se présenta devant la juridiction des eaux et forêts, à l'appel de son nom, comme franc-jugeur, il
éleva la prétention de recevoir, pour sa comparence, 20 *sous tournois ou quatre porcs à son choix
et un chapeau de roses et franchement à dîner.* On
lui répondit « qu'il n'était accoutumé de payer à
chacun desdits francs-jugeurs que la somme de
dix sous tournois, lesquels ont été présentement
payés audit seigneur [1]. »

« L'an de grâce mil cinq cens soixante et dix, le mardi des
festes de Pentecoste, seizième jour de may, à Rouen, devant

[1] Archives du château de Belbeuf, Gouy, liasse 2, n° 17.

nous Jehan Berthin, licencié ès loix, tenant la jurisdiction comme antien advocat, pour l'absence de monsieur le M* des Eaues et forestz du bailliage et viconté de Rouen et de ses lieutenans; à l'appel du seigneur de Gouy, l'un des francz-jugeurs en la forest de Rouverey; s'est présenté le dit seigneur, le quel a dict et soutenu que les ditz francz-jugeurs debvoient estre advertys de jour de leurs appeaulx par les sergenz à garde de la dite forest; mesmes a dict qui luy estoit deu, par le fermier de la coustume, vingt solz à ce jour, ou quatre porctz et ung chapeau de rozes et franchement à disner, jouxte ses lettres qu'il portoit, requérant que à l'advenir les sergentz de la dicte forest feussent tenuz l'advertir ou par le dit fermier; dict *qu'il n'estoit accoustumé de paier à chacun des ditz francz-jugeurs que la somme de dix solz tournois, les quelz il a présentement paiyez au dit seigneur sans préjudice de. . . . .* et du soustenu par luy fait cy-dessus. Des quelles choses, lectre a été octroyée aux dictes partyes et ordonné que si le dit seigneur veult, en plus avant, assubjectir le dit fermier ou aultres, fera apparoir de ses lettres, dont le dit seigneur de Gouy obtinst ces présentes.— Faict comme dessus.— *Signé* : Le Cuil-LYER. »

Jacques Duhamel ne reçut pas de chapeau de roses et fut obligé de retourner dîner chez lui, et de se contenter, ce jour-là, de la fortune du pot.

Il ne devait pas jouir longtemps de sa nouvelle et brillante position; il était déjà mort en 1574, ne laissant pour héritiers que des collatéraux. Cinquante-six acres de terre à Gouy, la seigneurie du Becquet, située dans le village de ce nom (réuni depuis quelques années à la commune de Belbeuf), et le bois de la Boissière, qui en est proche, furent abandonnés à Richard Leureux, bourgeois de Rouen, au droit d'Ysabeau Duhamel, sa mère. On lit

dans un titre postérieur, relatif à la terre de Gouy :
« Les terres labourables ne contiennent à présent
« que cinquante-six acres, parce que le surplus a
« été nouvellement destruit *et éclipsé* par les lots
« et partages entre les héritiers de défunt Jacques
« Duhamel, dernier possesseur du fief de Gouy. »

Pierre le Prévost, comme ayant épousé Alizon
Labbé, fille de Jeanne Duhamel, eut dans son lot
aussi cinquante-six acres de terre, les bois Bouclon
et Varrin, le château et fief de Gouy. Il en rendit
aveu au roi en sa Chambre des Comptes de Paris,
en 1574.

Adrien de Croismarre, sieur de Limesy, premier
président de la Cour des Aides de Rouen, devint,
par échange avec Pierre le Prévost, possesseur du
fief de Gouy.

—

CHAPITRE VIII

Adrien de Croismarre tenait un très-haut rang dans la cité, par sa naissance et par les éminentes fonctions dont il était revêtu.

Il tirait son origine de la même maison que Robert de Croismarre, archevêque de Rouen, en 1482, bienfaiteur de son église cathédrale, qu'il avait enrichie de belles tapisseries.

Cet archevêque avait posé la première pierre de la grande tour dite Tour de beurre, à cause de la permission de manger du beurre pendant le carême, accordée par le pape au cardinal d'Etouville, moyennant une aumône donnée par les fidèles et religieusement consacrée à cette magnifique construction.

Adrien de Croismarre, seigneur de Gouy, n'avait, à cause de son fief de la grande paneterie, droit à son chauffage dans les forêts des environs de Rouen qu'à la condition d'habiter son manoir.

Il profita de son crédit pour obtenir, sa vie durant seulement, de faire transporter dans son hôtel à Rouen, et même dans tous les lieux où il lui conviendrait d'habiter et où ses fonctions le forceraient à séjourner, le bois nécessaire pour son chauffage [1].

17 *Avril* 1577. « Cristofle de Thou [2], chevalier, seigneur de St. Germain et de la Grand Paroisse, conseiller du roy, grand maistre enquesteur et général refformateur des Eaux et forestz de France, estably par Sa Majesté au pais et duché de Normendie.

« Comme sur la requeste présentée par noble homme, messire Adrian de Croismare, sieur de Limesy et Gouy, conseiller du roy en son privé conseil et premier président en sa cour des Aides en Normendie, narrative que à cause de sa dicte seigneurie de Gouy, il a droict d'avoir et prendre ès forestz de Roumare et Rouvray, boys à chauffer, bastir et ardoir ès dites forestz ; le boys du quel chauffage Sa Majesté, pour bonnes et justes occasions et considérations, luy avoit permis faire apporter et user, tant en sa maison en cette ville que partout ailleurs, où il feroit sa résidence, jouxte ses lettres patentes y attachez, tendant à ces causes et qu'il étoit en bonne, valable et actuelle possession des dites droitures de chauffaige, jouxte les actes de délivrances qui leur en ont esté faictes, pareillement y attachées ; luy estre accordé l'entérignement d'icelles lettres et en ce faisant deffences estre faictes à tous huissiers, sergentz, verdiers et autres officiers des dictes forestz ne luy donner aulcun trouble, ny empeschement à l'execution du contenu ès dictes lettres patentes. Scavoir faisons que veu par nostre lieutenant général sur le faict des Eaux et forestz de Normendie et en la dicte jurisdiction de la table de marbre du palais à Rouen et François Tardieu, escuier, aussy conseiller du roy en icelle, la dicte requeste dessus mentionnée, la quelle par notre ordonnance avec les [lettres] y mentionnez auroient esté communiquez au procureur du roy en la dite jurisdiction, le quel auroit mis sa conclusion par escript de luy signée ; veu icelle et tout considéré, ayt esté dit, faisant droit sur la dite requeste du consentement du dict procureur du roy et enté-

[1] Archives du château de Belbeuf, Gouy, liasse 2, n° 33.
[2] Assassiné dans son château de Saint-Germain durant les guerres de religion.

rignant la dicte conclusion, que le dict sieur suppliant sera et
est permis joyr de l'effect de ses dictes lettres en dabte du
19ᵉ jour de mars 1577, *sa vie durant seulement*, suyvant le
voulloir du roy porté par icelles lettres et aux charges y contenuz. — Faict en la dicte jurisdiction le 17ᵉ d'apvril 1577.

« Si donnons en mandement à tous les officiers des dites
Eaux et forestz et autres qu'il appartiendra que au dict sieur
suppliant, en jouissant de l'effect des dictes lettres dessus dab-
téz ilz ne donnent aulcun empeschement.

« Fait comme dessus. *Signé* : TARDIEU et plus bas HAMELIN. »

En conséquence de la permission du grand maître des eaux et forêts, le seigneur de Gouy obtint la
délivrance du bois nécessaire pour son chauffage [1].

« Charles Harden, escuier, licentié ès-loix, lieutenant général des Eaux et forestz du baillage et vicomté de Rouen, au
verdier de la forest de Rouveray. Nous vous mandons que
suivant l'estat des usagers de la dicte forest et ordonnance au
bas d'iceluy donné du sieur grand maistre des Eaux et forestz
de France, estably *au duché de Normandie*, du consentement
du procureur du roy, au siège général de la table de marbre
du palays à Rouen du xiiiᵉ de mars dernier au présent 1577,
par la quelle nous seroit mandé faire délivrance à noble homme
Mᵉ Adrian de Croismarre, conseiller du roy et premier président de sa Court des Aydes à Rouen, seigneur de Gouy, franc-
usager en la dicte forest et à cause de ce l'un des francs-jugeurs en icelle, de trente et une perche de boys en la dicte
forest, etc. »

La qualification de noble homme donnée à Adrien
de Croismarre ne doit pas surprendre; c'était, en
Normandie, un titre de noblesse équivalant à celui

[1] Archives du château de Belbeuf, Gouy, liasse 2, nᵒ 34.

d'écuyer ; les bourgeois des villes portaient le titre d'*honorable homme*.

Le 30 avril 1580, Adrien de Croismarre rendit aveu du fief de la grande paneterie [1].

« Henry par la grâce de Dieu, roy de France et de Pologne, à noz amez et féaulx les gens de nos comptes à Paris, bailly de Rouen ou son lieutenant et à noz procureur et receveur ordinaire au dit lieu ou leurs subtitut et commis, salut et dilection.

« Savoir vous faisons que notre cher et bien amé Me Jehan Bertout receveur et payeur des gages et droictz de notre Court des Aydes en notre pays de Normandie, au nom et comme procureur suffizamment fondé de lettres de procuration dont est apparu de notre amé et féal conseiller en notre privé Conseil et premier président en notre dite Court des Aydes, Me Adrian de Croismare, seigneur du dit lieu et de Limezy, nous a ce jourd'huy ou dict nom faict au bureau de notre Chambre des dicts Comptes les foy et hommage que le dit de Croismare nous estoict tenu faire pour raison d'un plain fief de haubert, nommé le fief de Gouy, vulgairement et antiennement nommé le franc-fief de la panneterie du duc de Normandie ses appartenances et deppendances, tenu et mouvant de nous à cause de notre viconté du dit Rouen et au dit de Croismare appartenant à tiltre d'acquisition qu'il en a faicte de Pierre Leprévost et Nicolas le Conte, bourgeois du dit Rouen, ausquelz foy et hommage le dit Bertout ou dit nom a esté receu, sauf notre droict et l'aultruy.

« Si vous mandons et à chacun de vous, si comme à luy appartiendra, que si pour cause des dits foy et hommage, non faictz le dit fief cy dessus déclaré, ou aulcunes de ses dictes appartenances et deppendances sont ou estoient mises en notre main ou autrement empeschées, vous les mettez ou faictes mectre au dit de Croismare au délivre incontinant et sans dé-

---

[1] Archives du château de Belbeuf, Gouy, 1re liasse, n° 13.

lay, pourveu que dedans temps deu, il en baillo par escript en notre dite Chambre des Comptes son adveu et dénombrement fait et payé les aultres droictz et debvoirs s'aulcuns nous sont pour ce deubz, si faictz et paiez ne les a.

« Donné à Paris le dernier jour d'avril, l'an de grâce mil cinq cens quatre vingt, et de notre règne le sixième.—Par le Conseil estant en la Chambre des Comptes, *signé* : DANES. »

Le 5 mai 1580, Adrien de Croismarre obtint la mainlevée des droits attachés à sa seigneurie [1].

« Les gens des Comptes du Roy notre sire, au bailly de Rouen ou son lieutenant, et aux procureur et receveur ordinaire du dit seigneur au dit lieu ou leurs substitut et commis, salut.

« Il nous est apparu par lettres patentes d'icelluy seigneur données à Paris le dernier jour d'avril dernier M* Jehan Bertout, receveur et paieur des gaiges et droictz de la court des Aides au dit Rouen, ou nom et comme procureur de M* Adrian de Croismare seigneur du dit lieu et de Limesy, conseiller au Conseil privé du dit seigneur et premier président en sa dicte Court des Aides au dit Rouen, avoir le dit jour au dit nom faict à Icelluy seigneur au bureau de sa Chambre des dits Comptes les foy et hommaige que le dit de Croismare estoit tenu faire pour raison d'un plain fief de haubert, nommé le fief de Gouy, vulgairement et antiennement nommé le franc-fief de la panneterie du duc de Normandie, ses appartenances et deppendances, tenu et mouvant du dit seigneur, à cause de sa viconté du dit Rouen et au dit de Croismare appartenant à tiltre d'acquisition qu'il en a faite de Pierre le Prévost et Nicolas le Conte, bourgeois du dit Rouen ; ausquelz foy et hommage, le dit Bertout ou dit nom a esté receu, sauf le droict du dit seigneur et l'aultruy.

« Et ce jourd'huy nous a baillé en la Chambre des ditz Comptes l'adveu et dénombrement qu'il estoit tenu bailler, au

---

[1] Archives du château de Belbeuf, Gouy, 1re liasse, n° 4.

semblable du quel collationné à l'original en la dite Chambre, ces présentes sont cy attachées soubz l'un de nos dits signetz.

« Si vous mandons et à chacun de vous si comme à luy appartiendra, que s'il vous appert le dit adveu et dénombrement estre bien deuement faict et baillé, et qu'en icelluy n'y ait chose préjudiciable au Roy notre dit seigneur, vous en ce cas faictes, souffrez et laissez joir le dict de Croismare du dit fief cy dessus déclairé, sans, pour cause des dit foy et hommage non faictz, adveu et dénombrement non baillé, luy faire mectre ou donner, ne souffrir lui estre faict ou donné aucun arrest, destourbier ou empeschement ; mais si aucun luy estoit mis ou donné, mectez les luy ou faictes mectre incontinant et sans délay, à plaine et entière délivrance, à commencer du jour de la présentation qui vous sera faite de ces dites présentes ; pourveu qu'il fera vériffier pardevant vous les dits adveu et dénombrement à jour d'assise ou par trois jours ordinaires et plaidoiables dedans temps deu et icelluy vériffié le renvoier par devers nous pour en ordonner ce que de raison. Qu'il face et paie à vous receveur les autres droictz et devoirs si aucun en sont pour ce deubz, si faictz et paiez ne les a, et qu'il n'y ait aucune cause raisonnable d'empeschement pourquoy faire ne le devez la quelle ou elle y seroit nous escrirez à fin deue.

« Donné à Paris le cinquième jour de may, l'an mil cinq cens quatre vingtz. — *Signé* CALLOU. »

Cet aveu fut encore rendu à la Chambre des comptes de Paris, mais il fut certainement un des derniers, la Chambre des comptes de Rouen ayant été établie en juillet 1580.

Adrien de Croismarre donna à bail, le 15 mars 1582, son droit de franc-bateau sur la rivière de Seine [1].

Archives du château de Belbeuf.

« Je Adrian Mayllard demourant au Val de la Haye, confesses avoeyr prins et par ceste présentte prans à tytre de ferme et louage, de noble homme, mestre Adrian de Croeymare, sieur de Limésy, de Gouy......., counsseller du roy, premyer président en la court des Eydes et fynances en Normandie ; c'est assavoeyr le drocit de pesche dug franq basteau en la rivyère de Seynne à pescher de tous bons engins acoustumcz à pescher en ycelle eau et ryvyère de Seynne, à ung bateau seullement ; les ordonnances du roy sur le faict des Eaues et forestz opservez et gardez. Ce bail faict pour le tans et espasse de six ans acomplis et révoluz, commanchant ce jourduy et fynissant à semblable jour, moyennant le pris et some de cynq équs sol par chaqun en, que je serey suget payer et porter en la meszom du dit syeur à mes despens, tous les ans, au jour Saynct Mychel premyer paymant, commanchant au jour Saynct Mychel prochenemant venant ; et aynsy comtynuer d'en en en jusqes à la fin du dit tans ; et oustre la dicte somme cy-dessus, je serey suget et promestz lyvrer et porter en la meszom du dit syeur, à mes despens, *deulx plas de poisson en caresme*, par chasqun en.

« Et moy Robert Maillard, frère du dit Adryan Mayllard, plége et causyonne le dit Adryan Mayllard mon frère, et m'an estably avec luy en ung seul, pour le tout ; tesmoyns nos syngnes cy mys.

« Feyct ce xiiie jour de mars myl cinq cens catre vyngtz deulx.

« *Signé* : MAILLARD et Adrien MAILLARD. »

Au dos est écrit :

« L'an de grâce mil cinq cens iiiixxiiii, le lundy xxviie jour de febvrier devant Me Cavellier, lieutenant Robert Maillard en deffaut, vers noble homme Mre Adrien de Croismare, sieur du lieu de Croismare ? et Gouy et P. du Hamel, l'aisné, son procureur et a paru, par la rellation de Postel Sergent, en dabte du xxiii. de ce présent moys, comme à la requeste du dit sieur procureur adjourné le dit sieur, en parlant à sa personne, pour

·confesser ou nier à son faict. Veu le quel deffaut et relation et assignation en personne ; le seing du dit Maillard converti en fait, jugé et décrété d'adjournement, avec despens. . . . . appartenant. »

Une difficulté s'étant élevée au sujet de ce bail, elle fut jugée en 1586, *en la cohue* [1].

« L'an de grâce 1586, le vendredi 24ᵐᵉ jour de may, *en la cohue*, devant nous, Charles Godin, lieutenant général des Eaux et forestz, vicomte de Rouen, entre Robert et Adrien Maillard, etc. . . . . . . parties ouies et leurs procureurs, après qu'il nous a esté démonstré que le dit basteau appartient propriétairement au sieur président de Croismarre, le quel l'avoit baillé à louage au dit Adrien Maillard, qui en avoit fait relocation au dit Midan,

« Ordonnons la restitution aux fermiers du franc-bateau de la somme de 8 escus déposés dans les mains du greffier Pollin. *Signé* : POLLIN et DORMEL. »

Le premier président de Croismarre loua, en 1588, sa ferme de Gouy au nommé Chemin, dont les descendants existent encore dans cette commune. Ce bail constate qu'il existait alors des vignes dans les environs de Rouen ; nous avons entendu souvent contester ce fait, invariablement établi par le bail fait à Chemin. Il existait même des vignes à Gouy du temps de saint Louis. Thomas Faber et Jean Faber frères s'expriment ainsi dans une charte de 1250, en faveur des moines de Saint-Ouen :

« Vindidimus conventui Sti Audœni Rotom. ad

[1] Archives du château de Belbeuf.

« usum conventus pro quatuor lib. Turon., duode-
« cim solidos Turn. quos Matheus de Vico nobis
« reddebat; » il est question, dans cette charte,
d'une pièce de terre à Goui, nommé le Champ de
la vigne « piecha terre ad campum qui vocatur
« campus vinei [1]. »

On ne retrouve plus, dans un bail de cette même
ferme, postérieur de quarante ans à 1588, des
conditions relatives à la vigne de Gouy, ce qui
doit faire supposer qu'elle n'existait plus à cette
époque.

Le terrier du fief de la grande paneterie, déposé
dans le château de Belbeuf, fait en 1764, place à
l'endroit indiqué par le bail de 1588 *le fossé de la
vigne.*

Sous le règne de Louis XIII, les vignes des environs
de Rouen furent arrachées, le poëte David Ferrand
en donne la raison dans la Muse normande. On sait
que Ferrand imite, dans ses poésies, le langage peu
châtié du bas peuple de Rouen.

Ce fut le droit exorbitant de soixante sous par
poinçon qui détruisit la vigne en Normandie.

On lit dans cet auteur original [2] ce qui suit :

« L'Authour descrit la complainte de tous les bons Biberons
« de la Ville, et celle aussi des pauures Vignerons qui veulent
« dégrader les Vignes à cause qu'ils ne se remboursent pas des

---

[1] Archives de la Seine-Inférieure. — *Petit Cartulaire de Saint-
Ouen,* n° 52.
[2] Pag. 156 et suiv. Édition de 1655.

« frais qu'ils font pour le grand nombre des imposts qu'il faut
« qu'ils payent pour leur Vin :

CANT RIAL.

I.

Et quoy Bacu m'en tretou, m'en Falot,
Qui aux Cabarets prodits tant de merveille
Quiteron nou t'en plezant gobelot
Lesseron nou le jus de tes bouteille
Qui s'auallet ainchin que du chirot :
   Faut-il helas quitter su doux bruuage
Pour le z'inpots les dace et les piage
Et qu'en che temps les poures Vignerons
Tou chiquetez coume des gueux d'hostiere
Aillent criant par tou che z'enuirons,
Les Cotte à Vigne eschangez en Gaquiere.

II.

Pere Carrel, venerable Fagot
O est le tems que sous la verte treille
Caqun ayet chinq demions, o vn pot
De su bon vin qu'estet à vne oreille,
Por trais liards, vn Charle, ô un grelot :
   Astheure chy dessu note vieux aage
,Y no faut bien paler d'autre langage,
Noza bien tost bauffré quatre testons,
Car retumbant de misere en misere
Aveu regrets et lermes no vayons,
Les Cotte à Vigne eschangez en Gaquiere.

III.

Prez de Vernon ioüis crier Guillot
Adieu Penniers, Hotte, Serpe, Corbeille,
J'allon briser no Vignes d'un triquot
Ossi menu que no fet de l'Ozeille
Py que l'impost en a le milleur lot :
   Je sçais pendu diset y plain de rage
Chi ie vais pu retaillant t'en branquage,

Non non Questueux, Courtiers et Moucherons
Vo pouuez bien gratter votte driere,
Et dire encor plaignant les Vignerons
Les Cotte à Vigne eschangez en Gaquiere.

IV.

O creue-cœur disoit le gros Flipot,
Le Pont de l'Arche a fet stan chi merueille
En arrestant nos vins tout en un flot [1]
Dequay Mellan, Mante et Triel che deüille,
N'ont pas vaillant astheur chi un chabot :
   N'estesche ossi (assez) ditte gens sage
Que de poyer sexante sous d'vsage,
Por mui de Vin sans le cousts des poinsons,
Ouy chest pourquay toute les Pessonniere.
Pleurant d'engain crient prez leu tizons,
Les Cotte à Vigne eschangez en Gaquiere.

V.

Las que fera d'oresnavant Talbot,
Su mort à Rats, su Calfeultreux de Seille
Su Fesse-pain siflant de Larigot
Qui tou checun de sen flageol resueille
Quand il a beu quatre daiz de piot :
   Las que fera la Roze à sen vieux aage
Qui tout ainchin qu'vn ioüeux de village
O cabarets cherche les bons garchons,
Y deschendront rede morts dans la biere
Vayant ainchin pour beaucoup de rezons
Les Cotte à Vigne eschangez en Gaquiere.

VI.

Sus Alisis, Cardin, Benests, Thienot,
Que desormajs checun de vous s'eueille,
Quittez l'Alesne et coume en vn tripot
De Biere double et Tabat fet de fueille,
Tenez estappe ainchin coume Chiquot :

---

[1] Le gouverneur du Pont-de-l'Arche exigeait un droit pour le passage du pont.

Les Vignerons n'ayant pu le courage
De s'en venir encroquer o cordage,
Y faudra bien dessaler no poulmons
De boüillon sur, de Godelle ô d'iau clere,
Et regretter pu frets que des glachons
Les Cotte à Vigne eschangez en Gaquiere.

Nous donnons au public le bail fait par Adrien de Croismarre, il contient des clauses très-singulières, et que pas un fermier de notre époque ne voudrait accepter ; mais alors tout se passait de bonne foi ; on avait confiance dans la probité du premier président de la Cour des Aydes [1] :

« Je Pierre Chemin, laboureur demeurant en la paroisse de Gouy, fermier de M. le président de Limesy en son manoir et terre de Gouy, connoit et confesse avoir pris à ferme et louage du dit sieur président de Limesy, seigneur de Gouy, conseiller du roy en son privé conseil et premier président en sa cour des Aydes en Normandie, pour le temps et espaces de neuf années et neuf de dépouilles, commençant à la Saint-Michel dernier passée 1587, c'est à scavoir le nombre de quarante-quatre acres de terres labourables, comprins les huit acres qui sont en bois, par le prix et nombre de deux mines de bled froment, mesure de Rouen, du meilleur de la halle, pour chacune acre par chacun an, qui seroit pour les dites quarante-quatre acres de terre 88 mines par an à livrer à la maison de Monseigneur à Rouen, à nos dépens, aux termes de Toussaint et Chandeleur, et si moi, dit Chemin ait pris à ferme du dit sieur, la masure, par le prix et somme de 25 livres par chacun an et la moitié de tous les fruits, tant du jardin que de pillage, à faire piller la part du dit sieur et la faire entonner, charrier et la rendre sur le quai de cette ville de Rouen à la charge aussi de demi-cent de gerbes de feure de bled, que promets livrer

[1] Archives de Belbeuf.

au dit sieur, en cette ville, et trois cent gerbes de vesche *et tout ce qui conviendra de gerbes de bled pour l'usage des chevaux de Monsieur ou ses gens au dit lieu de Gouy et aux personnes qui le viendront voir* un carteron de fourre d'orges pour *les lits* du dit Gouy, dix mines d'avoine, trois mines de vesche pour nourrir les pigeons, avec *deux gâteaux de grandeur compétente pour la veille et l'autre pour le jour des rois,* le tout à livrer par chacun an à la maison du dit sieur; et si, à la fin de chacune année les dites vesches et avoines n'étoient usées, ce qui en restera, demeurera au profit de moi preneur. Et serons sujets aller quérir les futailles qu'il plaira à Monsieur avoir au bateau du port Saint-Ouen.

« Je m'engage bien et duement labourer, fumer, marner, compoter et cultiver les dites terres labourables, de quérir, charrier et fournir à mes despens au dit sieur *ou à ses vignerons,* tous les fumiers pour bien et duement fumer *la vigne* qui est devant le manoir et le jardin et porter *la tourbe* en telle quantité qu'il conviendra pour accomoder la dite vigne.

« Je m'engage *d'entretenir la haie de la vigne close et ferai relever les fossés en tems et lieu,* etc. »

Marguerite de Croismarre, fille du premier président, épousa Beuve d'Aurai, baron de Saint-Paix ou Saint-Perre, chevalier de l'ordre de Saint-Michel et gentilhomme ordinaire de la Chambre du roi; Marguerite reçut la terre de Gouy en partage.

Beuve d'Aurai était le descendant d'une très-noble famille. La Roque, *Histoire généalogique de la maison d'Harcourt,* t. Ier, p. 97, nous l'apprend : « Thomas de Meullant, seigneur de Courseulles, eut « deux filles de deux divers mariages, l'aînée étoit « Jeanne de Meullant, elle fut mariée *en la maison* « *d'Auray,* en Bretagne, qui tire son nom du lieu

« fameux d'Auraig, auquel fut décidé, par une ba-
« taille, le noble différent qui s'estoit meu entre
« Charles de Blois et Jean de Montfort, pour la suc-
« cession du duché de Bretagne, en prenant pour
« époux le seigneur d'Auray, nommé Jean d'Auray,
« duquel naquit un fils portant le même nom, mais
« appelé le Jeune, à la différence de son père, dont
« la race subsiste à présent en ses descendans
« masles, portant la qualité de barons de Saint-
« Pair. »

Nous sommes arrivés à une époque bien importante pour l'histoire du petit village de Gouy; car ce
lieu fut, pendant *six jours seulement,* le sanctuaire
de la monarchie française et de la légitimité.

Henri IV, forcé de lever le siége de Rouen, vint
établir son quartier général en ce lieu; il s'y transporte de Dernetal, le 19 avril 1592.

L'histoire nous apprend que le duc de Parme,
après avoir fait lever le siége de Rouen, aurait voulu
fondre immédiatement, et sans perdre un instant,
sur l'armée de ce prince, espérant, avec des forces
très-supérieures, le vaincre et l'anéantir.

Le duc de Mayenne, dont les vues ambitieuses ne
connaissaient pas de bornes, s'opposait toujours aux
projets du duc de Parme, dont le but était de poser
la couronne de France sur une tête étrangère. Si le
projet de ce duc eût prévalu, peut-être que le roi
eût perdu à jamais l'espérance et les moyens de
recouvrer sa couronne.

Les secrétaires d'Etat, Potier et Forget, accompagnèrent Henri IV à Gouy.

Nous trouvons dans la collection des lettres de ce prince, que vient de publier M. Berger de Xivrey, plusieurs lettres datées de son camp de Gouy; on y lira les motifs de son transport en ce lieu, à la portée de la ville du Pont-de-l'Arche, qui lui était restée fidèle.

Il écrivait au duc de Nevers [1] :

« Mon cousin, saichans mes ennemys que j'estois despourvu de cavallerie françoise, ils ont usé de telle diligence qu'en trois journées ils sont venus de la rivière de Somme à moy; *qui a esté cause que j'ay levé le siège* et me suis venu loger en ce lieu, distant de trois lieues de Rouen, où je me deslibère d'attendre les compagnies de cavalerie que j'ay mandées, pour après aller vers mes ennemys pour les combattre; car je suis assez fort d'infanterie ayant douze ou treize mil hommes de pied entre lesquels y a sept mille piques; De quoy je vous ay bien voulu advertir pour vous faire part de tout ce qui se passe; etc. — Du camp de Gouy [2], le 20ᵉ jour d'avril 1592.

« *Signé* HENRY, et plus bas POTIER. »

Autre lettre au duc de Nivernais et de Réthelois [3].

« Mon cousin, je vous ay adverty par ma dernière, comme pour le peu de cavalerie françoise que je me suis trouvé près de moy à l'arrivée de l'armée des ducs de Parme et de Mayenne,

[1] Berger de Xivrey, *Lettres de Henri IV*, t. III, p. 616.
[2] Village de Normandie dans l'élection de Rouen. (*Note de l'éditeur.*)
[3] Berger de Xivrey, *Lettres de Henri IV*, t. III, p. 617.

j'ay levé le siège de devant Rouen et me suis venu loger en
ce lieu pour prendre le champ de bataille et attendre les forces
que j'ay mandées. La journée d'hier et celle d'aujourd'huy se
sont passées sans que mez ennemys se soient advancez vers
moi. Il m'est arrivé depuis hier environ quatre cens chevaulx
et espère que dans 24 heures, mes cousins les ducs de Montpensier et de Longueville, arriveront en mon armée avec plus
de huit cent chevaulx. Ayant les dictes forces, je fais état de
m'approcher de mes dits ennemys, lesquels, à ce que j'ay appris, ont desseing d'assiéger ma ville de Caudebec ; — qui me
fait espérer d'avoir loisir de les approcher de sy près, qu'il ne
sera en leur puissance d'éviter l'occasion de la bataille ; etc.
— Du camp de Gouy, le 22ᵉ jour d'avril 1592.—*Signé* HENRY, et
plus bas POTTIER. »

Jamais ce prince ne désespère de la fortune, et
ne se trouble dans les occasions les plus critiques ;
il craint que la levée du siége de Rouen ne ralen-
tisse le zèle de ses amis, il écrit à l'un de ses plus
fidèles serviteurs la lettre suivante [1] :

« Monsieur de Poyanne, je différois volontiers trois ou
quatre jours de vous faire ceste dépêche pour vous pouvoir
mander par mesme moyen l'evènement de la bataille que j'espère que nous donnerons entre cy et là au duc de Parme,
n'estoit que je m'asseure que sa venue à Rouen, les ennemys
publieront des bruits les plus à la desfaveur de mes affaires
qu'ils pourront, pour essayer de desbaucher, ou pour le moins,
destourner et affliger mes bons serviteurs, c'est pourquoy je
n'ay pas voulu différer davantage de vous faire sçavoir comme
les choses sont passées pour ce regard, ce que vous verrés au
vray descript par le mémoire que je vous envoye, dont je dé-
sire que vous faciés part à mes dicts bons serviteurs afin qu'ils
soyent préparez à rejetter l'alarme que l'on leur en vouldroit

---

[1] Berger de Xivrey, *Lettres de Henri IV*, t. III p. 620.

donner, espérant qu'ils auront dans peu de jours plustost subjet de se resjouir de ce que le susdict duc de Parme en est venu
sy avant, que de s'en affliger ; car je parts demain pour l'aller
affronter, ce que j'estime pouvoir faire en tel lieu et de sorte
qu'il luy sera malaisé de s'en desdire et en pouvés, avec l'ayde
de Dieu, attendre toutes bonnes nouvelles. Sur ce, je prie Dieu,
Monsieur de Poyanne vous avoir en sa saincte garde.

« Escrit au camp de Gouy le 23ᵉ jour d'avril 1592. — *Signé*
Henry et plus bas Forget. »

Il écrivait aussi au sieur de Beuvron, de la maison d'Harcourt, la lettre suivante [1] :

« Monsieur de Beuvron, suivant ce que je vous ay escrit de
la diligence que faisoient les ennemis de marcher droit à moy,
j'ay esté contraint par faute de cavalerie françoise de lever le
siège de Rouen et venir prendre pour mon armée *un logis ad-
vantageux* entre la dite ville de Rouen et le Pont-de-l'Arche,
afin de pouvoir rallier à moy ceux qui me viendront trouver
par le dit Pont-de-l'Arche et le Pont St. Pierre et aussi tôt que
ma noblesse françoise sera arrivée, aller combattre mes dits
ennemis et leur donner la bataille, car je vous puis asseurer
que j'ay de fort belle et bonne infanterie qui ne demande que
à combattre ; mes reistres sont de mesme volonté, de sorte
qu'il ne me deffault pour une si bonne occasion que de la cavalerie françoise. Hatés vous doncques, je vous prie, de me
venir trouver avec tout ce que vous pourrez amener de gens
de guerre et venés prendre vostre part en la victoire que j'espère. Si vous usez de la diligence que j'ay tousjours attenduë
de vous et qu'il ne soit pas reproché aux françois d'avoir abandonné leur roy au besoin et lorsqu'ils pouvoient asseurer leur
postérité. En ceste confiance, je prie Dieu qu'il vous ayt, Monsieur de Beuvron, en sa saincte et digne garde.

[1] La Roque, *Histoire généalogique de la maison d'Harcourt*,
t. III, p. 982.

« Escrit au camp de Gouy, le vingtième jour d'avril mil cinq cens quatre-vingt douze.

« J'ai veu mes gens de pied où j'ay trouvé six mil bons Picquiers, de sorte que je n'atends que vous pour donner la bataille.

« *Signé* HENRY et plus bas RUZÉ ; et sur le dos est escrit « A Monsieur de Beuvron, capitaine de cinquante hommes d'armes de mes ordonnances » et scellé des armes de France. »

Le roi, en effet, était à Fontaine-le-Bourg le 26 avril, et dans une lettre au duc de Nivernois, datée de Varicarville le 2 mai suivant, il disait [1] :

« Mon cousin, estant au camp de Gouy je vous escripvis par le s^r d'Espez et vous manday les occasions qui m'avoient faict lever le siège devant Rouen. Mes cousins les ducs de Montpensier et de Longueville estans arrivés deux jours après en mon armée, je partis le lendemain pour m'approcher de celle de mes ennemys, laquelle étoit devant Caudebec, où le duc de Parme fut blessé d'une harquebusade au bras, le jour que je partis du dict Gouy. »

Le passage de Henri IV à Gouy se reconnaît encore aujourd'hui. On trouve en effet un camp placé du côté de Rouen, dans un lieu nommé les *menus bos* près le hameau d'Incarville, dépendant du village de Saint–Aubin-la-Campagne.

Où était alors Beuve d'Aurai ? C'était le moment de recevoir le roi dans son noble fief de Gouy, d'y exercer ses fonctions de grand panetier et de lui faire les honneurs de son manoir ; c'est dans l'adversité que l'on reconnaît ses véritables amis.

[1] Berger de Xivrey, t. III, p. 625.

Tout porte à croire que le baron d'Aurai ne manqua pas à son devoir dans cette circonstance ; il n'était pas ligueur, car il devint, par la suite, chevalier de l'Ordre et gentilhomme de la Chambre du roi. Une preuve plus convaincante de la fidélité de Beuve d'Aurai envers son légitime souverain résulte des lettres patentes qu'il obtint en 1597.

On lit dans ces lettres :

« Voulant bien et favorablement traiter le dit « baron en considération des bons et agréables ser- « vices qu'il a fait tant à nos prédécesseurs roys « *que nous depuis notre avènement à cette couronne* « *en toutes les occasions qui se sont présentées* et « qu'il continue chaque jour près de notre per- « sonne, etc. » Il n'est pas possible de croire que des lettres patentes se fussent exprimées de la sorte, si le baron d'Aurai avait été un ligueur forcené.

Beuve d'Aurai rendit, le 28 septembre 1596, aveu au roi du fief de la grande paneterie. Cet aveu est en tout semblable à celui rendu, en 1565, par Jacques Duhamel, il commence ainsi [1] :

« Du roy nostre souverain seigneur et prince, nous Bœuvre d'Auray, escuyer, chevallier de l'ordre du dict seigneur et gentilhomme ordinaire de sa Chambre, baron de St Poix, Momenair et Beauméniel, seigneur du Moutier, des abbaies du Mesnil Dot et de la terre et seigneurie de Gouy à cause de

[1] Archives de Belbeuf, Gouy, 1re liasse, n° 19.

noble dame Jehanne du Mesnil Dot, mon espouse fille et héritière de feu noble homme Michel du Mesnil Dot, luy vivant
seigneur du lieu et de damoiselle Marguerite de Croismarre,
ses père et mère, tenons et advouns à tenir de Sa Majesté à
cause de sa viconté et chastellenye de Rouen, c'est assavoir le
fief, terre et seigneurie de Gouy et vulgairement nommé le
franc-fief de la panneterie du duc de Normandie le quel est
tenu et mouvant nuement de Sa Majesté par ung plain fief de
haubert, à cause de la dite chastellenie et viconté de Rouen,
en la sergeanterie du Pont St Pierre ; auquel fief appartient
les droictures et dignitez qui ensuivent, etc. »

L'aveu du baron d'Aurai donna lieu, comme celui de Jacques Duhamel, à une enquête devant le
bailli de Rouen [1]. La Chambre des comptes de cette
ville n'ayant pas voulu l'entériner sans cette prudente et sage précaution. Nous donnons au public
les déclarations de quelques témoins de l'enquête,
où se trouve expliqué le sens attaché au droit
connu sous le nom de regard de mariage. On y voit
aussi que le baron d'Auray avait exercé ses fonctions de grand panetier.

On entend Abel Pasturel, pêcheur, demeurant
paroisse du Becquet, âgé de cinquante-cinq ans ; il
déclare entre autres choses qu'il

« S'est remys en mémoire que aux adveux de tous les sujectz
est faict mention que le dict sieur a droict de regard de mariage
sur ces dictz subjectz, ce qui est employé nom seulement aux
nouveaulx adveux mais aux plus antiens, etc.

« Dict que à cause du dict office de pennetier annexé au dit
fief, il a tousjours entendu que le propriétaire du dit fief de

[1] Cette enquête eut lieu seulement en 1606 et 1607.

Gouy à droict de servir le roy du dit office de pennetier lorsqu'il arrive en ceste ville de Rouen et à cause du dit service, perçoit les droicts appartenants au dict office, ne pourroit dire quels sont les dits droits *mais luy resouvient que luy estant jeune garson, il a veu feu son père porter au dict lieu de Gouy, plusieurs farines, paste et pain* que son dict père avoit chargés en ceste ville, estants demeurez après le partement du roy règnant en ce temps là ; au quel roy le propriétaire du dict fief de Gouy qui estoit pour lors avoit fait le service de pennetier en ceste ville et est arrivé ce que dessus, passez sont quarante ans, n'a pris garde aussi depuis le dict temp [si] les propriétaires du dict fief ont faict le dict office de pennetier, etc. »

On entend ensuite discrète personne maître André Daniel, prêtre-chapelain de l'église cathédrale Notre-Dame de Rouen, âgé de quarante-deux ans, ou environ, demeurant en la paroisse de Saint-Nicolas :

« Dict qu'il a esté pourveu du béneffice et curé de la dicte paroisse de Sainct-Pierre de Gouy, passez sont vingt ans et lorsqu'il entra en possession du dict bénéffice, le dict fief, terre et seigneurie de Gouy estoit tenu et possédé par le sieur président de Limesy deffunct et depuis est eschu au dict sieur baron de Sainct-Poix, etc.

« Dict que à cause du dict fief le dict sieur de Sainct-Poix en la dicte quallité a droict de servir le roy de l'office de pennetier lorsque sa dicte Majesté est en ceste ville de Rouen ; et au moien du dict service le dict seigneur de Gouy perçoit les droictures et esmolluments qui en despendent ; s'estant remys en mémoire que en l'année mil six cens trois sa dite Majesté estant en ceste ville de Rouen au moys de septembre, le dict sieur de Sainct-Poix, en la dicte quallité en fist le dict office de pennetier *en l'exercice du quel* luy parlant le vist employé en la maison du roy, etc. »

On entend David de Saint-Giré, tavernier, demeurant au Port-Saint-Ouen, âgé de trente-huit ans :

« Dict. . . . . . qu'en l'année 1603, environ le moys de septembre, Sa Majesté estant en ceste ville de Rouen, luy parlant vist le dit sieur de Sainct Poix en la dicte quallité de seigneur de Gouy, faire le service de pennetier en la maison du roy, pour lors logé en sa maison de Sainct Ouen ; a veu mesme le dict sieur de Sainct Poix, en la dicte quallité, percevoir plusieurs esmolluments à cause du dict office et estre livré tant de pain et vin que de plusieurs plats de viande pour son usage en la dicte maison du roy et au party de sa dicte Majesté de ceste dicte ville, le dict parlant, avec les domesticques et serviteurs du dict sieur de Gouy, emporta de la dite maison du roy quelque quantitté de bled et farine qui estoit restée de la provision de la dicte maison du roy, ayant entendu par bruict commun que le dict résidu de farine et de pain appartenoit au dit sieur de Gouy en la dicte quallité de pennetier du roy ; . . . . . . et se souvient avoir veu le dict sieur et ses préposés passer au barc du Port Sainct Ouen, sans paier aucune chose.»

On entend ensuite maître Allain Calletot, prêtre curé de la paroisse du Becquet, âgé de soixante-huit ans, ou environ, demeurant audit lieu du Becquet, qui dit, entre autres choses :

« Que en l'année 1573, 1574, 1575 et 1576 il a deservy le béneffice de la dite paroisse de Gouy en la quallité de vicaire de maistre Foucques Person pour lors curé de la dicte parroisse de Gouy. . . . . . comme aussi se souvient que lors et au temps qu'il deservoit le dict béneffice de Gouy, les subjects du dict fief demandoient la permission de marier leurs filles au dict sieur Président de Limesy ou ses préposez, au cas que les dictes filles fussent pourveuz hors du dict village ; et estoict le bruict

commun au dict temps que les sieurs de Gouy avoient tousjours esté en possession du dict droict vulgairement appellé
regard de mariage, qui est employé en tous les adveux des subjects de la dicte paroisse, etc. »

On entend ensuite Pierre Menu, laboureur, demeurant en la paroisse de Gouy, âgé de soixante-
neuf ans environ; il déclare entre autres choses :

« Que luy parlant, doibt aussy *regard de mariage*, suivant
qu'il est porté par ses adveux et ceux de ses prédécesseurs
qui est ung droict [en] vertu duquel toutte fille partant de la
parroisse pour estre mariée à une autre parroisse doibt elle
ou ses parens demander permission au seigneur, etc. »

On entend discrète personne maître Foucques
Person, prêtre chapelain de l'église cathédrale Notre-Dame de Rouen, âgé de quatre-vingts ans; il
déclare

« Qu'il y a environ 40 ans qu'il fust pourveu en la dicte cure
de l'esglise et parroisse de Gouy, la quelle église il a deservye
en la dicte quallité plus de vingt ou de trente ans, pendant le
quel temps le dict sieur Président de Limesy acquist la dicte
sieurye de Gouy et se souvient avoir tousjours oy dire que la
dicte terre est plain-fief relevant nuement du roy à cause de
sa viconté de Rouen, vulgairement appellé le franc-fief de la
pennetcrye des ducs de Normandye, s'étend, etc. »

On entend Michel Sevestre, laboureur, demeurant à Gouy, âgé de quarante-deux ans, qui dit qu'il
y a à Gouy colombier à pied, plusieurs jardins *et
une vigne*;

« . . . . . Et a vu luy parlant le dict sieur baron de S¹ Poix faire le dict service [de pennetier] en l'an 1603 au moys de septembre, sa dicte Majesté estant lors en ceste ville logé en l'abbaie de Sainct Ouen, au quel lieu, luy qui parle, s'estoit transporté pour parler au dict sieur de Sainct Poix, etc.

Il dit aussi que le seigneur de Gouy « a droicture de passage tant pour luy, ses gens que harnois par tous poncts, ports et passages, soict par eaue ou par terre, sans paier aucun tribut, ny péage *et de faict, luy parlant, estant recepveur de la dicte sieurye* passoit et repassoit au dict barc du port S¹ Ouen pour aller et venir en ceste ville de la dite terre de Gouy, sans paier aucune chose, etc. »

Henri IV vint à Rouen à la fin de 1596 pour y tenir l'assemblée des notables, le baron d'Auray se présenta; il exerça ses fonctions de grand panetier, et après le départ du roi, il fit transporter à Gouy tout ce qui était resté de pain et de farine dans la dépense dudit seigneur.

C'est le même prince qui était à Gouy en 1592; il doit se souvenir de son camp et peut-être aussi *du vin du cru*, et combien ses fidèles serviteurs avaient alors de mérite à suivre sa fortune chancelante. Il reconnaîtra les bons services du baron d'Auray à cette époque, et, sur sa demande, il lui accorde les lettres patentes que nous devons transcrire en entier [1] :

« Henry par la grâce de Dieu, roy de France et de Navarre, à tous présents et advenir salut; nostre cher et bien amé

[1] Archives de Belbeuf, Gouy, 2ᵉ liasse, n° 57.

Beauves Dauvray, seigneur baron de St Pair, nous a faict re-
montrer que les ducz de Normandie, auroient cy-devant concédé et octroié plusieurs beaulx privilèges et octrois au fief de
Gouy, *dict la panneterie des dits ducz*, aprésent appartenant au
dit sieur de St. Pair, assiz en la visconté de Rouen, qui ont esté
confirmés par les roys nos prédécesseurs depuis la réunion du
dit duché à la couronne de France; et entre autre chose, ac-
cause du dict fief, il est grand-pannetier hérédital au dict duché et au moyen du dict estat, lorsque le dit duc ou nous qui
sommes en son lieu et place venons en la dite ville de Rouan,
le dit Sr de Gouy a droict de prendre, par chacun jour, durant
le temps que nous ferons séjour en icelle, quatre danrées de
pain en nostre panneterie, ung septier de vin à chevallier en
nostre scellier ou sommeleric, et en notre cuisine quatre platz
ou metz, scavoir, un des grandz deux à chevallier et un de-
pensable, avec le pain qui se trouve de demeurant en notre
dicte panneterie lorsque *nous partons de la dicte ville*. *Et outre
ce peult avoir, en la rivière de Seine, un bateau pour pescher franc
et quitte de payer aulcun tribut*, et faire moudre son bled aux
moulins de la dicte ville sans être tenu d'aulcune mouture. Est
aussy à cause du dict fief l'ung des francz-jugeurs de nos forestz de Roumare et Rouvray et, au moyen de ce, a droict de
chauffage, bois à bastir en ses maisons et manoir du dict fief,
ès dictes forestz et de pasturage et franc-pannage pour toutes
ses bestes exepté les chèvres, en comparessant le mardy de la
feste de la Pantecoste devant le maistre particulier d'icelles,
avec les autres francz-jugeurs des dictes forestz, pour raison
de quoy, il doibt avoir vingt sols et franchement à disner, ou
quatre porcs avec un chapeau de rozes, et pour la comparance
qu'il est aussy tenu faire avec les autres francs-jugeurs, pour
procedder aus dicts pannage et arrière-pannage ès dictes forests, son dit fief n'est tenu en aulcune rente; mais à cause
d'icelle droicture, qui y appartient est franc et quitte de tous
subsides, aydes coustumes, ban et arrière-ban, ports d'armes
et autres charges, tant de mer que sur terre; et à pouvoir de
passer et repasser, luy, ses gens, serviteurs, chevaulx et harnois, par tous ports et passages tant par eau que par terre,

quand bon luy semblera, dans le dict duché de Normandye, sans païer aulcun tribut, ne péage ; ès quels dons, octroys, livraisons et prévilliéges ses prédécesseurs, seigneurs du dict Gouy, ont jouy et usé, mesme feus messieurs Jacques et Pierre de Poissy. Mais d'aultant que partye des tiltres d'icelles concessions ont été perdues et adirez, pendant les guerres et calamitez publiques, qu'il y a longtemps, ont eu cours en cestuy notre royaulme, au moïen de quoy iceluy sieur de St Pair pourroit estre troublé et empesché en la dicte jouissance, il nous a très-humblement supplié et requis luy accorder noz lettres de confirmation pour ce nécessaires.

« Nous, à ces causes, voulant bien et favorablement traiter le dit Sr baron de St. Pair, en considération des bons et agréables services qu'il a faicts, tant à noz prédécesseurs roys qu'à nous, depuis nostre advènement à ceste couronne, en toutes les occasions qui se sont présentés, et ceulx qu'il continue, chacun jour, près nostre personne, après avoir veu les chartres, concessions, dons et octrois, confirmations d'iceulx, adveus et dénombremens et autres pièces faisant mention d'iceulx privilièges et concessions y attachez soubs le contre-scel de nostre chancellerie, avons iceulx privillèges, octrois, concessions, confirmez, ratifliez et approuvez et de grâce spéciale, plaine puissance et aucthorité royale, confirmons, ratiflions et approuvons, par ces présentes signées de nostre main, pour en jouyr et user par le dict Sr de St. Pair, ses successeurs, Srs du dit fief de la panneterie et ayans cause, pleinement et paisiblement et perpétuellement, ainsy et par la mesme forme et manière que les prédécesseurs, seigneurs du dit fief, en ont bien et deuement jouy et usé, mesme les dits Jacques et Pierre de Poissy, suivant et conformément aux dictes concessions et confirmations qui leur en ont esté expédiées ;

« Sy donnons en mandement à noz amez et féaulx conseillers, les gens tenans nostre court de Parlement, Chambre de nos Comptes et Cour des Aydes au dict pays et duché de Normandie, nostre gouverneur et lieutenant-général en iceluy, grand-maistre de France, premier maistre d'hostel de nostre maison, maistre ordinaire et contreolleurs généraulx d'icelle, grands-

maistres de nos Eaues et forestz du dit duché et maistres par-
ticuliers d'icelles, bailly de Rouen ou leurs lieutenants et tous
noz autres justiciers et officiers et à chacun, sy comme à lui
appartiendra, que s'il leur appert de tout ce que dessus, même
que les prédécesseurs de l'exposant, seigneurs du dit Gouy, dict
le fief de la panneterye du duc de Normandie, en ayent bien et
deuement jouy et usé, dont iceluy sieur de St. Pair jouist
encore de présent de tant que suffire doibve, ces présentes il
entérinent, vériffient et des dictes concessions et octrois le facent
et souffrent jouir et user plainement, paisiblement et perpétuellement le dict sieur baron de St. Pair et ses successeurs,
sieurs du dit fief de Gouy, dict la panneterie, sans leur faire
mettre ou donner, ne souffrir ou permettre leur estre sur ce
faict, mis ou donné, ni pour l'advenir aulcun trouble, destourbier ou empeschement au contraire, et sy fait, mis ou donné
leur estoit, qu'ils le réparent et remettent ou facent réparer et
remettre incontinent et sans délay au premier estat que deu,
car tel est nostre plaisir ; et affin que ce soit chose ferme et stable
et a tousjours, nous avons faict mettre notre scel à ces dictes
présentes, sauf en autre chose nostre droict et l'autruy en
toutes. — Donné à Rouen, au moys de febvrier l'an de grâce
mil cinq cens quatre-vingts-dix-sept et de nostre règne le huictième, *signé*, HENRY », et sur le repli est écrit : « par le roy, *signé* Rusé, un paraphe ; registrées ès registres de la Cour, ouy
le procureur-général du roy, pour en joyr et user par le dit
d'Auroy selon les forme et teneur ainsy que luy et ses prédécesseurs ont cy-devant bien et deuement joy et à la charge,
pour le regard des droictures de la forest, d'en user et s'y contenir suivant l'arrest donné en la Chambre de Réfformation des
forestz, le dernier octobre 1578, à Rouen, en Parlement, le
vingtième jour d'aoust 1599. » *Signé* de Boislévêque, avec
paraphe.

Un arrêt du Parlement de Normandie, du 23 août
1599, enregistra, sans opposition, la charte du roi[1] :

[1] Archives de Belbeuf, Gouy, 2e liasse, n° 40.

« Extraict des registres de la court de Parlement :

« Sur la requeste présentée par Beuve d'Auroy, baron de St. Pair, seigneur de Gouy, antiennement nommé le franc-fief de la penneterie du duc de Normendie, assis en la vicomté de Rouen, tendant afin que les lettres patentes en forme de *charte à luy octroiées par le roy au mois de février mil cinq cent quatre viugtz dix sept, soient vérifiées et registrées* en la court pour en joir par le dict impétrant, selon leur forme et teneur, par les quelles le dit seigneur roy a confirmé et approuvé tous et chacuns les privilèges, octroys et concessions faictes aux prédécesseurs seigneurs du dit fief de Gouy, à cause d'icelluy, grandz-panetiers héréditaulx au dict duché de Normendie, avec les droitz de chauffage, prendre boys à bastir, pasturage et franc-pasnage pour ses bestes ès forestz de Roumare et Rouveray comme franc-jugeur ès dites forestz et autres franchises, libertez, exemptions et droicts mentionnez ès dictes lettres ; veu par la Court la dicte requeste, les dictes lettres-patentes, en forme de charte, données à Rouen au dit mois de février mil cinq centz quatre vingtz dix sept, tiltres et enseignementz produictz par le dict d'Auroy, à scavoir une charte en latin, sans date de Henry, roy d'Angleterre, duc de Normendie, donnée à Montfort, contenant plusieurs droictures et libertez par luy octroiées à Odomne de Malapalude, panetier-hérédital de Normendie ; autre charte de Charles, roy de France et de Navarre, donnée à Bonneville, au mois de juillet M.CCC.XXIII.; autres vidimus des lettres [en forme] de charte, des feuz roys Sainct Lois et Charles sixiesme, des mois d'aoust M.CC.L., quatorziesme may M.CCCC.VII. et treiziesme décembre M.CCCC.VIII ; autres lettres de vidimus de Hue, sire de Donquère du deuxiesme juillet M.CCCC.I., avec les lettres transcriptes et insérées aux dits vidimus partantz date des quatriesmes màrs M.CCC.IIII^{xx}v, vingtiesme mars M.CCCIIII^{xx}VIII et cinquiesme juin M.CCCIIII^{xx}XI, contenant main-levées faictes à Jehan de Poissy *des droictures y mentiònnées* ; plusieurs autres main-levées et délivrances ; contract d'acquisition faicte par Jacques Duhamel de la terre et sicurie de Gouy passé au tabellionnage de Rouen le dernier may MV^{c}LXIIII, plusieurs délivrances faictes au dict Duha-

mel ès années MV°LXV, LXVII, LXVIII et LXIX ; déclaration du
dict fief de Gouy et du Becquet et du fief aux Malades, recon-
gnue au dict tabellionnage de Rouen le dernier jour de may
MCCCCLXIV ; lettres-patentes du dix neuvième octobre MV°LXV,
contenant les foy et hommage faictz au roy par le dit Jacques
Duhamel ; acte d'attache de la Chambre des Comptes à Paris
du vingtiesme octobre au dit an ; aveu et dénombrement présenté par le dit Duhamel en la dicte Chambre des Comptes et
acte de réception d'iceluy en la dicte Chambre du 19° mars au
dit an MV°LXV ; vérification du dict adveu et dénombrement
collationné en la dicte Chambre des Comptes ; arrest donné en
la Chambre de la réformation des Eaues et Forestz establie en
la dicte cour le dernier jour d'octobre MV°LXXVIII par lequel
le dict Jacques Duhamel et maistre Adrian de Croismare,
lors seigneurs du dict lieu de Gouy, premier Président en la
cour des Aydes de Normendie, avoient esté déboutez des droictz
par eulx prétenduz d'avoir boys pour bastir réparer et entretenir et pour ardoir et néantmoins main-levée et délivrance
faicte au dict de Croismare comme l'un des francz-jugeurs de
la dicte forest de Rouveray, à cause du dict fief de Gouy du
droict de prendre et avoir par chacun an vingt solz sur la recepte des pasnage et pasturages de la dicte forest, avec un
chapeau de rozes et un franc disner, au terme que les pasnages
et pasturages ont accoustumés estre cueilliz, qui est le jour de
la Trinité, en faisant et acomplissant par lui les charges et redevances qu'il est tenu pour ce faire et accomplir sur peine de
privation des dites droictures et oultre à luy faict main-levée à
cause de son dit fief de Gouy, de la droicture de pasturage pour
ses bestes non prohibées et pasnage pour ses porcz franchement en la dicte forest pour en user sans fraude ; autres lettres patentes données à Rouen, le vingt huitiesme septembre MV°XCVI contenantz les foy et hommage faitz au roy, au
bureau de sa Chambre des Comptes au dit Rouen par le dit
Beuves d'Auroy à cause du dict fief de Gouy à luy succédé à
cause de dame Jeanne du Mesnil Do, nièpce et héritière du dict
feu maistre Adrian de Croismare, sieur de Lymezy ; acte de
main-levée sur ce faicte au dict d'Auroy par la dicte Chambre

des Comptes du 9ᵉ juillet ᴍᴠᶜxcvɪɪ ; aveu et dénombrement baillé par le dit d'Auroy avec l'acte de la réception d'icelluy en la dite Chambre des Comptes du 16ᵉ du dict moys et an ; conclusion du procureur-général du roy ; — Tout considéré,

« La Cour a ordonné et ordonne que les dictes lettres-patentes en forme de charte du mois de février ᴍᴠᶜxcvɪɪ seront registrées ès registres d'icelle, pour, du continu ès dictes lettres joir et user par le dict d'Auroy selon leur forme et teneur ainsy [que] luy et ses prédécesseurs en ont cy-devant bien et deuement joy et à la charge, pour le regard des droictures de la forest d'en user et s'y contenir suivant l'arrest donné en la dite Chambre de la Réformation des Forestz le dernier octobre ᴍᴠᶜʟxxvɪɪɪ.

« Fait à Rouen en la dicte Cour de Parlement le vingt troisième jour d'aoust ᴍᴠᶜxcɪx. Signé de Boɪsʟᴇ́ᴠᴇsǫᴜᴇ, avec paraphe. »

Le grand panetier de Normandie est toujours dans l'inquiétude pour tout ce qui concerne ses priviléges ; il est d'une susceptibilité véritablement incroyable. Il soupçonne qu'on pourra lui contester plus tard ses droits de chauffage, et craint que l'arrêt donné à la Chambre de la réformation le dernier octobre 1578 ne lui soit opposé ; il est bien vu du roi et il obtient encore des lettres patentes pour cetobjet [1].

14 mars 1600. « Henry, par la grâce de Dieu, roy de France et de Navarre, à noz amez et féaulx conseillers, les gens tenans nostre Court de Parlement à Rouen, salut.

Nostre amé et féal Beauves d'Auvray, sieur et baron de St. Pair nous a faict remonstrer que les ducz de Normandie auroient cy-devant accordé et octroyé plusieurs beaux prévillè-

_____

[1] Archives de Belbeuf, Gouy, 2ᵉ liasse, nᵒ 41.

gès et octroiz au fief de Gouy, dict la panneterie des dicts ducz
à présent apartenant au dict sieur de St. Pair, assiz en la viconté de Rouen, confirmez de temps en temps par les feuz royz
nos prédécesseurs, depuis la réunion du dict duché à nostre
coronne et entre autres, à cause du dict fief il est l'un des
francs-jugeurs en noz forestz de Roumare et de Rouvray, et
au moien de ce, a droict de chauffage, boys à bastir en ses
maisons et manoyrs du dict fief, ès dictes forestz, de pasturage
et franc-pannage pour toutes ses bestes excepté les chèvres ;
tous les quels droictz et previllèges nous avons eu pour agréables, ratiffiez, confirmez et aprouvez par noz lettres patentes
en forme de chartre du mois de febvrier м. vᶜ ᴵᴵᴵᴵˣˣ dix sept
qui ont esté par vous vériffiées et esmologuées, à la charge
pour le regard des droictures de la forest d'en user et s'y con-
tenyr suivant l'arrest donné en la Chambre de refformation
des forestz le dernier octobre м. vᶜ ʟxxvɪɪɪ, soubz prétexte de
la quelle modiffication l'on pouvoit empescher l'exposant en la
juste et libre jouissauce des dictes doictures ; comme il en a
bien et deuement joy et usé par le passé et ses prédécesseurs
encores qu'ilz n'y ayent oncques commis abbus ou malversa-
tion, n'en estant advenu aucune plainte, c'est pourquoy, il
nous a très humblement supplié et requis luy pourvoir de noz
lettres à ce convenables et nécessaires ; à ceste cause, de
l'advys de nostre Conseil qui a veu nos dictes lettres de confirmation et vostre arrest sur icelles cy-attaché, Nous mandons,
ordonnons et enjoignons, par ces présentes, que le dict sieur
de St. Pair, vous faictes souffrez et laissez joir et user plainement et paisiblement des dictes droictures en la mesme forme
et manière et tout ainsi que luy et ses prédécesseurs seigneurs
du dict fief de Gouy, en ont cy-devant bien et deument et jus-
tement joy et usé, joit et use encores à présent, sans en ce, leur
faire metre ou donner aucun trouble, destourbier, ni empeschement nonobstant la susdicte modiffication portée par
vostre dict arrest, que ne voulons luy nuyre ne préjudicier,
le tout en attendant le règlement général que nous entendons
estre faict sur la refformation de noz forestz, nonobstant aussi
toutes ordonnances, mandemens, déffences et lettres à ce con-

traire, car tel est nostre plaisir. Donné à Paris le xiiie jour de mars l'an de grâce m. vi^c et de nostre règne le xie. *Signé* par le roy en son Conseil Letenneur, avec paraphe. »

Nous ne parlerons plus à l'avenir des droits d'usage dans les forêts de Rouvrai et de Roumarre; l'état de choses consacré par les lettres patentes le 5 mars 1600 subsista jusqu'à la célèbre ordonnance de 1669 sur les eaux et forêts. Tous les droits d'usage dans les forêts royales furent alors supprimés, moyennant une indemnité qui fut mal payée ou pas du tout.

CHAPITRE IX.

Beuve d'Auray vendit la seigneurie de Gouy à Jacques Dumoucel, de la même famille que les présidents à mortier du Parlement de Rouen, de ce nom.

Jacques Dumoucel n'ignorait pas que son fief lui conférait le privilége d'exemption du ban et arrière-ban.

Cependant le ban et l'arrière-ban sont convoqués; il se rend à l'appel du roi, à la suite du duc de Longueville; mais, après son retour, il ne veut pas que cet acte de dévouement puisse plus tard lui être opposé ou à ses descendants; il se présente devant Artus Godart, sieur du Becquet [1], il produit ses let-

---

[1] Il était fils de Jean Godart, seigneur de Belbeuf, maître des Comptes de Rouen, lors de l'établissement de la Chambre en 1580, et de Marie Igou. Une note de M. Floquet, insérée dans le *Journal du chancelier Séguier*, page 15, porte : « Arthus Godart, sieur du « Becquet, d'abord conseiller au Parlement de Normandie, puis « procureur général à la Chambre des Comptes de Rouen, étoit de- « venu plus tard lieutenant général du baillage et siège présidial de « Rouen, en remplacement de Marc de La Ferté. Il prêta serment « en cette qualité à l'audience de la Grande Chambre, le 12 juillet « 1633. Il étoit fort estimé par le Parlement comme remplissant sa « charge avec autant de zèle que de lumières. En septembre 1634, « le peuple de Rouen ayant jeté à la rivière un *monopolier* nommé

tres et il obtient une sentence favorable, dont voici
la teneur [1] :

« L'an de grâce 1636, le mardy xie jour de mars, devant
nous Artus Godart, sieur du Becquet, conseiller du roy en son
Conseil d'Estat et privé, lieutenant général au baillage de
Rouen et président au siège présidial du dict lieu, sur la re-
queste présentée par Jacques Dumouchel escuyer, sieur de
Gouy, *grand pannetier héréditalde Normandie,* narratifve que par

« Trotart, venu à Rouen pour établir un nouvel impôt, ce malheu-
« reux fut tiré de l'eau par un bâtelier et se réfugia dans le prieuré
« de Bonnes-Nouvelles. Mais on l'avoit su et bientôt le monastère
« fut assailli par cinq ou six mille séditieux qui s'efforçoient d'en
« briser les portes. Le lieutenant général Godart du Becquet, ac-
« couru en hâte à Bonnes-Nouvelles, annonça au peuple la mort de
« Trotart, espérant par ce pieux mensonge apaiser la multitude ;
« mais devinant bien qu'on les trompoit, les séditieux redoublèrent
« leurs imprécations et leurs efforts ; le lieutenant général Godart
« du Becquet étoit à son tour assiégé dans le prieuré et *en danger*
« *de sa personne.* Des arrêts du Parlement, rendus coup sur coup,
« étant demeurés sans effet, le président Poirier d'Enfreville monta
« dans son carrosse avec le procureur général Salet, les conseillers
« du Val de Bonneval, Baudry de Biville et de Vigneral, et par-
« vint jusqu'à la porte du prieuré. Protégés par quelques hommes
« de la cinquantaine, les magistrats purent délivrer et emmener
« avec eux, dans leur voiture, le lieutenant général Godart du
« Becquet et le commis Trotart, puis on revint à Rouen au milieu
« des imprécations du peuple et de ses efforts pour arrêter et ouvrir
« le carrosse. Les sauveurs et les sauvés faillirent être les victimes
« de la fureur du peuple.
« Dans les années 1636 et 1637, Rouen étant désolé par la peste,
« qui y faisoit d'incroyables ravages, le lieutenant général Godart du
« Becquet déploya un zèle intelligent qui ne se lassoit jamais, n'ou-
« bliant rien pour arrêter le mal, pour le soulagement des malheu-
« reux qui en étoient atteints, il étoit partout; les rapports qu'il ve-
« noit faire au Parlement sur l'état sanitaire de la ville montrent
« avec quel soin exact et scrupuleux il se rendoit compte des alter-
« natives de ce fléau, *et que pas un habitant n'étoit frappé qui aus-*
« *sitôt ne reçut des secours.* »

[1] Archives de Belbeuf, Gouy, 1re liasse, n° 20.

les aveux et desnombremens qui ont esté baillez au roy du dict fief de Gouy, vériffiez en la Chambre des Comptes de Normandie et partout où besoin a esté, il est notamment porté que le dict fief de Gouy est exempt du service à rendre au roy pour le ban et arrière-ban, que néanlmoings le dict sieur de Goui n'a laissé, à la publication que Sa Majesté a faict faire, ceste année, du dict ban et arrière-ban, de se transporter en Lorrayne dans l'armée du roy, comme les autres gentilzhommes voullontaires de ce bailliage à la suilte de Monseigneur de Longueville, quoyqu'il en soit exempt par ses aveux, pour monstrer le désir qu'il avoit de faire service au roi en ceste occasion, ce considéré et qu'il ne seroit raisonnable que le service par luy voullontairement rendu au roy et au quel il n'estoit obligé, portast préjudice aux seigneurs de Gouy, requéroit le dict sieur de Gouy, veu ses aveux, estre deschargé des taxes que l'on pourroit faire sur le fief de Gouy à cause du ban et arrière-ban.

« Veu par nous la dicte requeste et l'ordonnance intervenue sur icelle le 10e janvier dernier an présent, d'estre monstrée au procureur du roy en ce baillage, cahier en parchemin de la vériffication et information faite en ce siège de l'aveu et desnombrement présenté par Jacques Duhamel, bourgeois de Rouen, en la Chambre des Comptes de Paris, des fiefs, et seigneurie de Gouy, anciennement nommé le franc-fief de la penneterie du duc de Normandie, etc. ; certificat de Monseigneur le duc de Longueville, pair de France, lieutenant-général pour le roy en la province de Normandie, par lequel appert que le dict sieur de Varengeville [1], s'estoit rendu près du dict seigneur avec armes et chevaux pour rendre]à Sa Majesté le service qu'il luy doibt, en dabte du quatriesme d'aoust dernier, etc. ; il est dit que le dict sieur de Varengeville a esté et est, quand à présent deschargé, ensemble son dict fief de Gouy, de toutte charge et contribution en quoy il pourroit estre subjet à cause du ban et arrière-ban dont le dict sieur de Varengeville a obtenu les présentes. »

[1] Beuve d'Auray était seigneur de Gouy et Varangeville.

Jacques Dumoucel, seigneur de Gouy et de Varengeville, à peine rentré dans ses foyers, encore animé d'un esprit guerrier, attaque les religieux de Saint-Ouen de Rouen; il les accuse d'é-
tendre au delà des limites que leur assignent leurs
titres le droit de pêche sur la rivière de Seine, auquel ils prétendent. Le procès est porté aux plaids
se tenant probablement au port Saint-Ouen, où
malgré l'opposition du seigneur de Gouy, il est décidé que les moines passeront outre à la pêche, devant
le port Saint-Ouen, à peine d'un écu d'amende contre
les opposants. On était échauffé de part et d'autre ;
il se passa alors au port Saint-Ouen une scène cu-
rieuse, dont on va trouver les détails dans les témoignages recueillis lors de l'enquête. On pourra apprécier le cas que faisaient alors des voies légales
les gentilshommes de ce temps, souvent querelleurs,
voulant se rendre justice eux-mêmes et toujours
l'épée à la main.

Une instruction sur les faits qui venaient de se
passer au port Saint-Ouen fut ordonnée ; nous produisons quelques témoignages de l'enquête.

Morin Deshayes, pêcheur, demeurant à Tourville,
dépose [1] :

« Peschant vis-à-vis du guay du port St.-Ouen, seroient venus
à eux deux des enfans du sieur de Gouy, leur faire deffense de
pescher davantage *au treuc*, que quand ils les trouveroient, ils les

[1] Archives de Belbeuf.

maltraiteroient; pendant quoi le sieur leur père étoit à terre et parloit aux dits religieux de St.-Ouen.

« Jacques Hédouin de Clion dict que ils furent empeschés par deux des sieurs de Gouy de passer oultre à la pesche, et que aux plès, ayant esté ordonné que les dits pescheurs acheveroient de pescher, à paine d'un escu d'amande, pour quoy ils avoient voullu pescher, mais les dicts sieurs de Gouy s'estant approchés d'eux avec *des escourges* en la main, les dits pescheurs s'étoient sauvez.

« Toussaint le Guet, demeurant à Rouen, dit que estant au port St.-Ouen, le sieur de Gouy et deux de ses enfans et deux ou trois autres personnes auroient présenté un adveu aux officiers de St.-Ouen, ne scay ce qui se passa en plus oultre ; mais estant sortis, le dit sieur de Gouy et ses enfans juroient et disoient qu'ils alloient bien faire du vacarme et qu'ils atraperoient ceux qui s'avanceroient pour pescher ; et les pescheurs ayant voullu pescher, il dit à ses enfans : *Mort Dieu qu'on aille après ces coquins et qu'on les repousse d'importauce ; et*, s'adressant au sieur Le Page, luy dist : *Tirez-vous de dessus mon bord, vous n'avez rien ycy, vous estes des coquins et des faquins ; avoit la canne à la main et son espée au costé ;* et sur ce que le dit sieur Le Page luy dist qu'il y avoit des juges, il luy dist qu'*il ne vouloit d'autre juge que son espée ;*

« Jean Deshayes demeurant à Tourville fut menacé d'estre battu s'il peschoit ;

« Nicolas le Parmentier dit que le sieur de Gouy et deux de ses enfans disoient *c'est à nous ce port,* si l'on y pesche nous les en empescherons bien et de fait empeschèrent, deux des fils du sieur de Gouy, de pescher par l'ordre de leur père. »

Les religieux de Saint-Ouen s'adressèrent au Parlement de Rouen et présentèrent leur charte de concession du droit de franc-bateau depuis Orival jusqu'au Becquet ; voici le texte de cette charte [1] :

[1] Archives de Belbeuf, copie moderne.

« Sciant omnes presentes et futuri quod ego Guillelmus de
Tourville, miles, pro salute anime mee et antecessorum meorum, dedi et concessi Deo et monasterio Santi Odoeni Rothomagensis et monachis ibidem Deo servientibus totum jus quod
habebam, vel habere poteram in aqua Secane et quod de eisdem monachis jure hereditario item tenebam in eadem aqua,
sicut aqua Sancti Odoeni se proportat in longitudine et latitu-
dine à gordo Aureo Vallia usquè ad ortellum de Becquello,
predictis monachis in puram et perpetuam eleemosinam sicut
aliqua eleemosina potest liberius et melius possideri, ità quod
et heredes mei nihil de cetero exclamare poterimus in aqua
Sequane anno tota. Datum anno Domini millesimo ducentesimo
tricesimo nono, mense julio, in festo sanctorum Jacobi et
Christophori. »

On remarque dans cette charte, on peut aussi
remarquer dans beaucoup d'autres, en parlant de la
rivière de Seine, *l'eau Saint-Ouen, l'eau Le-Roi,* et
cela sur la même rivière, navigable et flottable ; il
est probable que les moines prétendaient, sur ce
fleuve, à la propriété des bras séparés, en cet endroit, par des îles nombreuses, de celui qui servait
à la navigation et que l'Etat devait considérer
comme étant seulement sa propriété.

Le 14 août 1657, le Parlement rendit un arrêt
qui maintenait les moines dans leur droit de pêche
depuis Orival jusqu'au Becquet ; ce qu'ils appelaient
leur *fief de l'eau* fut maintenu. Le seigneur Dumoucel en fut quitte pour six livres d'amende envers le
roi, et trente livres de dommages-intérêts envers le
couvent de Saint-Ouen. Le seigneur apprenait à ses
dépens qu'il y avait des juges à Rouen, comme le

lui avait bien fait observer le pêcheur Le Page ;
voici l'arrêt du Parlement [1] :

« Louis, par la grâce de Dieu, roy de France et de Navarre,
à tous ceux qui ces lettres verront, salut ;

« Scavoir faisons que la cause dévolutte en notre cour de
Parlement, entre les abbés, religieux de l'abbaye royalle de
Saint-Ouen de Rouen, demandeurs en plainte et en requeste,
du quatrième jour de ce mois, d'une part ;

« Et Jacques Dumouchel, seigneur de Varengeville et de
Gouy en partye, grand pennetier héréditaire de Normandie,
deffendeur, d'autre ;

« Veu par notre Cour l'arrest d'icelle du..... jour de ce
mois, par lequel il avoit esté ordonné que les parties mette-
roient présentement leurs piesses au greffe, pour leur estre
fait droit ; plainte rendue en notre Cour par les dits abbés,
prieur et religieux de Saint-Ouen pour usurpations qu'ils prétendent avoir esté faictes par le dit Dumouchel sur le fief de
l'eau à eux appartenant, qui s'estend en la rivière de Sayne,
de gravier d'Orival jusques au Béquet ; inthimidations par luy
faictes et ses filz, aux pescheurs, menasses et plusieurs autres
viollences y contenues ;

« Arrest du trente-unième jour d'aoust m.vie cinquante six,
d'informer du contenu en icelle par les conseillers commissaires ; informations faictes par nos amés et féaux conseillers-
commissaires, le vingt-cinquième jour de septembre et autres
jours en suivant ; mandement de comparence personnelle dé-
cretté contre le dit Jacques Dumoucel et ses deux filz, le cinquième jour de décembre dernier ; interrogatoire presté par le
dit Jacques Dumoucel le 14e du dit mois ; requeste présentée
par les ditz abbé, prieur et religieux de Saint-Ouen, tendant
à ce que, veu l'arrest, tiltres et procès-verbaulx, actes justifi-
catifs de leur possession par eux clos ès mains de notre amé
et féal conseiller-commissaire, deffences soient faictes aus ditz
Dumoucel père et fils, de les troubler à la paiche dont est

[1] Archives de Belbeuf, Gouy, 1re liasse, n° 25.

question, par aucune voye que ce soit, à payne de mil livres
d'amendes et autres au cas appartenant, ordonné estre monstré
à parties, le quatrième jour de ce mois, explois et signification d'icelle du dit jour ;

« Veu aussi les tiltres, contracts, adveux, actes et autres
piesses produites par le dit Dumoucel, actes aux fins de la jus-
tification des droits dépendans de son fief de Gouy et tout ce
quy a esté mis par devers notre dite Cour pour ouyr droict ;
requeste présentée par le dit Jacques Dumoucel, tendant à ce
qu'il soit ordonné que les parties instruiront l'instance au principal ; et cependant faire deffences aus dits abbé, prieur et religieux de tenir la fare depuis le dit lieu du port Saint-Ouen
jusque au lieu du Béquet, ainsy qu'ils ont fait par le passé,
jusque à ce que autrement en ait esté ordonné ; ordonner estre
mis au saac ce jourd'huy.

« Tout considéré ; notre Cour, par son jugement et arrest,
faisant droict sur l'instance civile, sans s'arester, quant à présent, à la requeste du dit Dumoucel, faisant droict sur celle des
dits abbé, prieur et religieux de Saint-Ouen, a renvoyé et
renvoye les parties procéder sur le principal, devant les juges ausquelz la congnoissance en appartient, dépens réservés ;
et cependant par provision, et sans préjudice du droict des
parties au principal, les dits abbé, prieur et relligieux de
Saint-Ouen, maintenus en leur fief de l'eau et droict de fare et
pesche, depuis les roques d'Orival, jusques au Becquet ; a fait
inhibition et deffence au dit Dumoucel, père et enfans et tous
autres, de les y troubler sur les paynes au cas appartenant ; et
faisant droict au principal sur l'instance criminelle trouvée en
estat de juger, *a condamné le dit Jacques Dumoucel en six livres
d'amende envers nous et en trente livres pour tous inthérestz et
despens envers les dits abbé, prieur et religieux de Saint-Ouen, en
ce nom ; comprins le rapport et cous de l'arrest.* »

Marie Le Gros, veuve de Thomas Dumoucel, possédait le fief de Gouy en 1670. Son fils, Thomas
Dumoucel, donna au roi la déclaration du fief de

la grande paneterie en 1687. Nous y trouvons les
mêmes énonciations que dans les aveux précédents;
nous croyons superflu de les produire de nouveau.

Il eut à soutenir un double procès contre Louis
Baillard, auditeur des comptes à Rouen, et les religieux de Saint-Ouen; il sortit victorieux de cette
double attaque. Louis Baillard se disait seigneur de
Gouy; il cherchait à établir que les terres démem-
brées de la seigneurie après la mort de Jacques Duhamel, échues à Richard Lheureux, lui donnaient ce
droit; de leur côté, les moines de Saint-Ouen récla-
maient *un quart de fief de haubert* dans la même
paroisse. On reprochait alors aux moines de se
créer des fiefs et des seigneuries en se faisant rendre des aveux à l'insu des véritables seigneurs, par
leurs serviteurs, leurs gardes et leurs tenanciers,
dans le but de se créer plus tard des droits. La
prétention des moines présentait, dans cette circonstance, ce caractère de fraude; aussi fut-elle
plus tard écartée par la justice.

Le seigneur de Gouy obtint en 1702 une sentence du lieutenant général du bailliage de Rouen,
par laquelle les prétentions de Louis Baillard furent
repoussées [1].

« L'an de grâce 1702, le mardy 30e jour de may, de matin,
en la Chambre du conseil du bailliage de Rouen, devant nous
Pierre Lepesant, chevalier, seigneur de Boisguilbert et de

[1] Archives de Belbeuf, Gouy, 1re liasse, n° 27.

Pinterville, conseiller du Roy, lieutenant général civil et de police au dit bailliage, ville et vicomté de Rouen et président au siège présidial du dit lieu,

« Entre Louis Baillard, escuyer, sieur du Parc, conseiller du Roy, auditeur en la Chambre des Comptes de Normandye, demandeur en adjournement par luy fait faire au sieur curé de la paroisse de Gouy, à comparoir à la huitaine pardevant nous, pour voir dire que deffenses luy seront faites à l'advenir *de recommander* Thomas Dumoucel, escuyer, sieur de Gouy, pour seigneur honoraire de la dite paroisse, *ny mesme luy faire les honneurs et prières au prosne de la grande messe d'icelle paroisse*, à protestation de tous interests et depens;... laquelle assignation auroit esté dénoncée, à la requeste du dit sieur curé de Gouy, à ce qu'il eust à se présenter en ce siège et répondre aux demandes du dit sieur Baillard et prendre son fait et charge.... En la présence des sieurs abbé, prieur et religieux de l'abbaye royale de Saint Ouen de Rouen, seigneurs en partie de la paroisse de Gouy, demandeurs en requeste à ce que pour les causes y contenues, il nous plust les recevoir parties intervenants en la présente instance, pour en conséquense faire passer la déclaration au dit sieur Dumoucel, s'il entendoit contester auxd. sieurs abbé, prieur et religieux de Saint Ouen, un fief dénommé Gouy, assis dans la paroisse de Gouy etc. et ouy le raport du conseiller comissaire à ce député, *il est dit*, sans avoir égard aux deffenses faites par le sieur Baillard au sieur Baudouin, curé de la paroisse de Gouy, de faire les prières nominales pour ledit sieur Dumoucel, en qualité de patron honoraire de la dite paroisse et au relevement pris par ledit sieur Baillard, de la qualité de seigneur de Gouy, employée dans son adveu présenté au sieur Dumoucel, *qui celuy est maintenu* en sa dite qualité de seigneur patron honoraire de ladite paroisse de Gouy et à la possession des droits honorifiques d'icelle, ce faisant iceluy sieur Baillard condamné l'employer en son dit adveu etc., et acte accordé aux dits sieurs abbé et relligieux de Saint Ouen du contenu en leur dite signification du 3 avril dernier, qu'ils persistent à la réclamation par eux faite d'un quart de fief de haubert, nommé Gouy, assis en la dite paroisse. »

Pierre-Nicolas Dumoucel, sieur du Coudrai, était, en 1714, en possession du fief de la grande paneterie de Normandie.

Enfin, Thomas-Richard Dumoucel, chanoine de Rouen, vendit, en 1740, sa terre de Gouy « à Mes- « sire Jacques-François-Aymé de Paul de Renne- « ville, chevalier, seigneur châtelain et patron de « Gouy, du Port-Saint-Ouen, seigneur en partie « des Autieux, Tourville-la-Rivière, seigneur et pa- « tron du Tilleul, Pliébon, Soran, Daci et autres « lieux, grand panetier hérédital pour le roi au du- « ché de Normandie, franc-jugeur dans ses forests, « conseiller du roi, maître ordinaire en sa Cour des « comptes, aydes et finances de Normandie. » M. de Renneville ne conserva pas longtemps cette terre, il la vendit à M. de Belbeuf en 1753.

JEAN PIERRE PROSPER GODART Mis DE BELBEUF

Procureur Général du Parlement de Normandie

Grand Pannetier de Normandie

CHAPITRE X.

En 1755, le roi accorda à M. de Belbeuf l'incorporation et la réunion du fief de Gouy au marquisat de Belbeuf. Ce fut, à notre avis, une faute; on enlevait ainsi au fief de Gouy son individualité et *l'originalité* de son existence. Nous produisons les lettres patentes de réunion :

« Louis, par la grâce de Dieu, roy de France et de Navarre, à tous présens et avenir, salut. Notre cher et bien amé le sieur Jean-Pierre-Prosper Godart, marquis de Belbeuf, notre conseiller, avocat-général et procureur-général en survivance de notre cour de Parlement de Normandie[1], nous a fait représenter qu'il est propriétaire à droit successif de la terre et seigneurie de Belbeuf, que nous avons érigé en marquisat, en faveur de Pierre Godart, sieur de Belbeuf, son ayeul, par nos lettres du mois de septembre 1719, portant union de plusieurs fiefs situés en la vicomté de Roüen, qu'il a depuis acquis par contrat passé devant Le Coq et son confrère, notaires à Roüen le 25 may 1753, le fief terre et seigneurie de Gouy, autrement et anciennement nommé le franc-fief de la panneterie du duc de Normandie, qui est un plein-fief de haubert relevant nuement de nous dans l'étendue de la vicomté de Roüen, assis ès paroisse

---

[1] En 1765, il devint procureur général en titre, fonctions qu'il exerça jusqu'à la destruction des parlements, en 1790. Il a fait construire lui-même, sans architecte, le château de Belbeuf.

de Gouy et qui s'étend aux paroisses de Saint-Aubin la Campagne, Incarville, les Authieux, Imare, Tourville-la-Rivière et circonvoisines, au quel lieu de Tourville il y a prevosté fiéfée et au quel est attaché le patronage honnoraire de la dite paroisse avec tous les honneurs et prérogatives en dépendans et dubs aux patrons honnoraires. Du quel fief de Gouy sont mouvans et relevans deux fiefs, l'un nommé les Colombiers, qui est un demy-fief de haubert, assis en la paroisse de Varangeville et paroisses voisines et l'autre nommé le fief de Periers, aussy demy-fief de haubert, assis ès paroisses de Saint-Jean du Cardonnay, de Roumare avec tous les droits et prérogatives portées au dit contract ; comme aussy par contract passé devant Lefebvre et Belliard, notaires à Rouen, le 31 mai 1750, le fief noble, terre et seigneurie de l'Escure qui est un plein-fief de haubert, scitué au hameau de l'Escure, paroisse du Mesnil Esnard, relevans de nous dans la vicomté de Rouen et s'étend dans la dicte paroisse du Mesnil Esnard et autres paroisses voisines, consistant tant en domaine fieffé que non-fieffé, au quel est attaché le droit de nomination et présentation à la chapelle de Notre-Dame et de Saint-George au dit lieu de l'Escure. Lesquels deux fiefs, circonstances et dépendances, droits, honneurs, dignités, prérogatives et prééminences y attachées, le dit sieur exposant désireroit unir et incorporer au marquisat de Belbeuf, pour ne faire qu'une seule et même terre, *sous la dénomination du marquisat de Belbeuf;* pourquoy il nous a très humblement fait suplier de luy accorder nos lettres necessaires ;

« A ces causes, voulant favorablement traiter le dit sieur exposant et luy donner de nouvelles marques de la satisfaction que nous avons de ses services, nous avons les dits fiefs, terres et seigneuries de Gouy et de Lescure, circonstances et dépendances, joints, unis, annexés et incorporés, et par ces présentes signées de notre main, joignons, unissons, annexons et incorporons au dit marquisat de Belbeuf, pour ne faire à l'avenir qu'une même terre et seigneurie, sous la dénomination de marquisat de Belbeuf, et en jouir par le dit sieur exposant ses enfans et postérité mâles, nés en légitime mariage, ensemble des droits, honneurs, dignités. prérogatives et prééminences y attachées, tout ainsy qu'en ont jouy ou deub jouir les seigneurs et propriétaires des dits fiefs de Gouy et de l'Escure, conjointement à une seule foy et hommage, aveux et dénombrement, sans toutes-fois aucun changement de mouvance ny de ressort, ny qu'au moyen des présentes, les vassaux et tenanciers soient tenus à autres et plus grands droits que ceux qu'ils devoient au paravant et pourvû que la présente union ne préjudicie à nos droits ny à ceux d'autry.

« Si donnons en mandement à nos amés et féaux conseillers les gens tenant notre Cour de Parlement et Cour des Comptes, Aydes et Finances à Roüen et à tous autres nos officiers et justiciers qu'il appartiendra, que ces présentes ils ayent à faire registrer et de leur contenu jouir et user le dit sieur exposant, ses successeurs et ayant cause, plainement, paisiblement et perpétuellement etc., car tel est notre plaisir. Et affin que ce soit chose ferme et stable à toujours, nous avons fait mettre notre scel à ces dites présentes.

« Donné à Compiègne au mois de juillet l'an de grace 1755 et de notre règne le 40e. » *Signé* Louis; et plus bas, par le roi *signé* PHILIPPEAUX avec paraphe. A côté est écrit *visa*, *signé* Machault, pour union des terres de Gouy et de l'Escure à celle de Belbœuf à Jean Pierre Prosper Godart. Les dites lettres sont scellées en lacs de soie rouge d'un grand sceau de cire verte, elles furent enregistrées au Parlement et à la Chambre des Comptes[1].

Le bail du franc-bateau (car ce droit n'avait pas été aboli par l'ordonnance de 1669) fut concédé en 1702 par M. de Belbeuf aux frères Dubosc [2].

« Bail fait par messire Jean Pierre Prosper Godart de Belbeuf, chevalier, seigneur et patron haut-justicier et marquis de Belbeuf, seigneur châtelain de Gouy et autres terres et seigneuries, grand pannetier hérédital de Sa Majesté en son duché de

[1] et [2] Archives de Belbeuf.

Normandie, conseiller du roi en tous ses conseils et son procureur général au Parlement de Rouen, y demeurant en son hôtel, paroisse Ste-Croix St-Ouen ;

Et Pierre Jean François et Jean Baptiste Du Bosc, frères, enfans de Pierre Du Bosc, pescheurs demeurants en la paroisse du Petit Couronne, preneurs et ce acceptant pour le temps et espace de neuf années consécutives dont la jouissance commencera au jour de St. Michel 1783, pour finir à pareil jour 1792,

Le droit de pescherie dans la rivière de Seine, appelé le franc-bateau, pour y pescher *depuis l'eau du Becquet jusqu'au grenier à sel de la Bouille*, franchement et librement, sans estre tenus de payer aucun tribut, ny péage ainsi qu'a droit de franc-bateau appartient et tout et autant qu'il en appartient au dit seigneur bailleur par ses titres, chartres, concessions des anciens ducs de Normandie aux seigneurs de Gouy en qualité de grands pannetiers et en conséquence de la possession immémorialle des seigneurs de Gouy et tout et autant qu'en ont jouit et dû jouir tous les autres fermiers précédans de temps immémorial;

A la charge, par les dits preneurs, de maintenir les possessions, libertés et franchises du dit franc-bateau, *d'y attacher les armoiries du dit seigneur bailleur à leurs frais*, de jetter plusieurs coups du fillet appelé *seine*, pendant le cours de chaque année dans les traits les plus éloignés du centre de leur pescherie du dit franc-bateau, pour y conserver les possessions, de se conformer dans la pesche à la qualité des mêmes fillets, aux édits, déclarations et ordonnances du Roi.

Le dit seigneur bailleur se réserve, à son proffit, *le recouvrement des droits d'entrée que l'on paye aux portes de la ville pour le poisson pesché par le dit franc-bateau* et duquel droit le dit seigneur se fera *indemniser* à son proffit.

Le présent bail fait par et moyennant le prix et somme de 175 livres par an, etc. En outre, fourniront les dits preneurs à leurs despends, *six plats de poisson* valant au moins deux livres, pendant le caresme de chaque année du cours du présent bail, à raison d'un plat chaque semaine de caresme que les dits preneurs livreront à l'hostel de mon dit seigneur bailleur à Rouen. »

Ce bail expirait à la Saint-Michel 1792. Le 11 février précédent, les frères Dubosc pêchaient sur la rivière de Seine, lorsque plusieurs individus voulurent les empêcher violemment ; les pêcheurs déclarèrent *qu'ils interjettaient sur eux clameur de haro pour être ouïes devant M. Féry, juge du district de Rouen.* L'un des assaillans, Pierre Grout, répondit *qu'il se moquoit de tous les juges et du haro.* On voit quel respect le peuple portait aux juges élus par lui, et que le mépris des magistrats et des arrêts de la justice était descendu bien bas depuis l'époque où le seigneur de Gouy invoquait son épée pour juge de ses différends avec l'abbé de Saint-Ouen.

La clameur de *haro,* ce cri si respecté autrefois, sauvegarde des Normands contre l'oppression et le despotisme, était tombé aussi, comme on le voit, dans le mépris de la populace.

Lorsqu'en 1786, Louis XVI vint à Rouen, M. de Belbeuf désirant être présenté au roi en la qualité de grand panetier de Normandie, écrivit à M. le maréchal de Castries une lettre ainsi conçue [1] :

« Monsieur le maréchal de Castries à la suite du roi, au Hâvre de grâce,

« Le voyage du roi dans cette province nous annonce le bonheur de recevoir Sa Majesté à Rouen et de lui renouveller en corps l'hommage de notre respect et de notre fidélité.

« Lorsque Sa Majesté Louis XV visita le Hâvre, le Parlement s'y rendit, elle l'y reçut avec bonté ; elle daigna, en même

[1] Archives de Belbeuf.

temps, maintenir en quelques droits des seigneurs normands au nombre de deux, auprès du Hâvre, qui eurent l'avantage de lui être présentés, de ce nombre fut Mme de Mellemont, mère de la présidente Bigot, qui luy donna *à laver*, droit de sa terre d'Orcher près le Hâvre.

« La terre de Gouy, près Rouen, réunie au marquisat de Belbeuf, me donne le titre de grand-pannetier du duc de Normandie et les droits qui y sont attachés, suivant les titres de cette terre, dont j'ai l'honneur de vous donner le mémoire. Ce droit a été exercé, comme il a été reconnu, en toute occasion où il a pu avoir lieu, dans les aveux au roy, dans les arrêts de maintenue. Cet office *donne le droit de siéger à la maîtrise des Eaux et forests, dans certains cas, pour la manutention de ceux du roy et la conservation de ses forêts* ; il donne le droit de franc-bateau sur la Seine et autres droits.

« *Je jouis de ces droits* et j'en suis dans une possession paisible. Le grand-pannetier du duché de Normandie, ne peut pas toujours jouir de celui d'offrir et de présenter le pain au roy en cette ville, les occasions en sont trop rares.

« Permettez moy, Monsieur le Maréchal, de vous demander vos bontés dans celle-cy. L'honneur que j'ay d'ailleurs d'être le procureur-général de Sa Majesté dans cette province, ajoute un motif de plus à ceux qu'auroit le seigneur du marquisat de Belbeuf pour désirer de présenter mon hommage à Sa Majesté en lui présentant le pain à titre de grand-pannetier.

« Ce sont des droits précieux à conserver ; la bienfaisance des rois les porte ordinairement à les protéger. Rien ne pourra égaler ma reconnoissance, sinon mon respect et mon inviolable fidélité dans l'exécution des ordres de Sa Majesté.

« J'ai l'honneur d'être, etc. »

M. de Belbeuf fut autorisé à présenter au roi le pain en qualité de grand panetier de Normandie.

L'Assemblée constituante, dans la fameuse nuit du 4 août 1789, détruisit à jamais ce qui pouvait encore rester des traces de l'ancienne féodalité, déjà bien effacée depuis Richelieu.

Trois ans plus tard, le procureur général du Parlement de Rouen, *le grand panetier de Normandie*, après avoir exercé, pendant quarante années, les fonctions du ministère public dans cette vaste province, était, à son tour, conduit comme un grand criminel dans les prisons de Rouen, avec son jeune fils âgé de seize ans, et sa belle-fille.

La garde nationale de Rouen, composée des plus riches et des plus honorables bourgeois, se transporta à Belbeuf à cinq heures du matin ; ces hommes recommandables étaient devenus les exécuteurs tremblants des ordres impérieux d'une populace en délire [1].

Les sapeurs, armés de haches, précédaient, et quatre pièces de canon à la suite, pour arrêter un vieillard, une femme et un enfant.

Les sapeurs frappent à coups redoublés la porte du château, qui vole en éclats [2]. On arrête un proche parent de la famille, on le conduit dans les prisons de Rouen, on le relâche au bout de vingt-quatre heures [3]. Un prêtre se trouvait au château, il avait été la cause innocente de l'exploit des sapeurs de la garde nationale. On avait retardé un instant l'ou-

---

[1] La garde nationale de Rouen a sauvé le pays en 1848, par son courage et son énergie. Quel contraste !

[2] Nous conservons précieusement cette porte.

[3] Le comte de Labriffe, décédé pair de France.

verture de la porte pour donner le temps de le cacher dans une cheminée. Là, blotti, osant à peine respirer, il y resta douze heures, pendant que les gardes nationaux circulaient dans la pièce où il était caché. On trouva enfin un moment favorable, pendant que les gardes nationaux dînaient et buvaient le vin de la cave, pour lui mettre un bonnet de femme sur la tête, un mantelet sur les épaules, et pour le faire évader par une porte dérobée.

Ces mêmes gardes nationaux, ces bons bourgeois de Rouen, rejoignaient, trois mois plus tard, leurs prisonniers ; ils étaient écroués dans la même prison.

Leçon cruelle, et qui prouve combien il est dangereux de céder aux fureurs de la multitude et à ses caprices.

Tous désormais détenus pendant seize mois dans la même prison, vivant dans la meilleure intelligence, voyant creuser, sous leurs yeux, dans la cour de leur prison, la vaste fosse destinée plus tard à les engloutir, et dont (ce qui est incroyable) on ne leur cachait pas la destination.

Tous ne durent leur salut qu'à la mort de l'infâme Robespierre et de ses complices.

Dieu permet ainsi, à certaines époques, de grandes mutations et d'immenses renversements dans les empires, pour enseigner aux riches de la terre qu'il n'y a rien de stable et de durable en ce bas monde ; qu'ils doivent jouir sans orgueil et avec modération des richesses et des dignités, puisqu'ils peuvent, d'un instant à l'autre, en être dépouillés.

Nous terminons ce livre par ces réflexions philosophiques et morales.

FIN.

TABLE DES MATIÈRES.

ERRATUM.

Page 45, ligne 12, *hors de tours,* lisez *hors de court.*

www.ingramcontent.com/pod-product-compliance
Lightning Source LLC
Chambersburg PA
CBHW072041080426
42733CB00010B/1960